Iva Procházková
Mittwoch schmeckt gut

Iva Procházková, 1953 geboren, wuchs in Prag auf, wo sie bis zu ihrer Ausreise lebte. Sie begann bereits in der Schulzeit zu schreiben, zuerst Gedichte, dann Novellen und Geschichten. Iva Procházková lebt mit ihrem Mann und drei Kindern in Bremen, schreibt Theaterstücke und Kinderbücher. 1989 wurde sie mit dem Deutschen Jugendliteraturpreis ausgezeichnet.

Von Iva Procházková ist außerdem in den Ravensburger Taschenbüchern erschienen:
RTB 1887   Wer spinnt denn da?

Iva Procházková

Mittwoch schmeckt gut

Mit Illustrationen von
Karin Lechler

Ravensburger Buchverlag

Lizenzausgabe
als Ravensburger Taschenbuch Band 1935,
erschienen 1995

Die Originalausgabe erschien 1991
im K. Thienemanns Verlag, Stuttgart – Wien
© 1991 by K. Thienemanns Verlag, Stuttgart – Wien

Umschlagillustration: Christine Georg

Alle Rechte dieser Ausgabe vorbehalten durch
Ravensburger Buchverlag
Gesamtherstellung: Ebner Ulm
Printed in Germany

4 3 2 1   95 96 97 98
ISBN 3-473-51935-9

Mittwoch schmeckt gut

In einen großen Bahnhof kam ein langer Zug und hielt an. Alle stiegen aus. Es gab keinen weiteren Weg. Zumindest nicht für diesen Zug.

Schaffner Bäuerle ging durch die leeren Waggons und schaute in die einzelnen Abteile, ob dort etwas liegengeblieben war. In einem Abteil fand er einen grauen Hut. In einem anderen ein Körbchen mit Strickzeug. Und wieder in einem anderen einen kleinen Plüschhund. Im letzten Abteil des letzten Waggons fand er ein Baby.

Der graue Hut hatte ein aufgerissenes Futter. Im Körbchen mit dem Strickzeug lagen zwei Handschuhe aus roter Wolle, alle beide für die linke Hand. Der Plüschhund war zum Aufziehen, er sollte herumspringen und Purzelbäume schlagen; es fehlte ihm aber der Schlüssel, so daß er bloß tölpelhaft lächelte. Das Baby lächelte auch, direkt dem Schaffner entgegen. Als er sich darüberbeugte, um zu sehen, aus welchem Material es ist, nieste es und rieb sich mit der kleinen Faust die Nase.

Schaffner Bäuerle, außer Dienst Vater von zwei kleinen Kindern, begriff, daß das Baby echt war. Er nahm es auf den Arm, das Körbchen mit dem Strick-

zeug, Hut und Plüschhund hängte er auf den Ellenbogen und stieg vorsichtig aus dem Zug. Mit allen gefundenen Sachen begab er sich zur Seitentür des Bahnhofsgebäudes, über der die Aufschrift FUNDAMT stand.

Im Lagerraum des Fundamtes standen sechs hohe Stellagen, in denen eine zahllose Menge verlorener und gefundener Sachen lag.

Die ganze Breite des Raums nahm ein Regal voller Koffer, Reisetaschen und Rucksäcke ein. Weiter gab es hier fünfzehn Mäntel, vierzig Schals, zehn Mützen, davon drei mit Pelz und zwei mit Löchern, fünf Hüte, einundzwanzig Brillen (eine goldene), neunzehn Armbanduhren, sieben Paar und dreizehn einzelne Handschuhe einschließlich eines für Boxer, elf Ohrringe, eine lebendige, sehr laute Gans im Korb, einen Blumentopf mit einem exotischen Baum, der wie ein Knäuel von Schlangen aussah und nach faulen Eiern stank.

Außerdem gab es da ein Federbett, sechs Füllfedern, zwei Federbälle und ein Schulheft mit dem Namen Felix Mißmahl auf dem Titelblatt und mit einer Vier unter der Mathearbeit auf der ersten Seite. Neben der Vier flammte rot eine vorwurfsvolle Bemerkung: *Bist du mit dir zufrieden, Felix?* Damit die Aufzählung vollkommen ist, muß man hinzufügen, daß sich auf dem obersten Regal noch ein künstliches Gebiß, ein Stoffaffe ohne Schwanz und eine schmutzige Trainingshose verschämt duckten.

Der Beamte hinter dem Schalter nahm von Schaffner Bäuerle den grauen Hut, das Körbchen mit dem Strickzeug und den kleinen Hund aus Plüsch entgegen und legte sie in die entsprechenden Regale. Dann schaute er auf das Baby in den Armen des Schaffners und fragte: „Was ist das?"

Der Schaffner zuckte die Achseln. „Ich weiß nicht", sagte er und fühlte, daß auf seinen Lippen ein Lächeln haftenblieb, ähnlich wie beim Plüschhund. „Wir können ja mal schauen!"

Er legte das Baby auf die Theke und wickelte es mit den geschickten Händen eines zweifachen Vaters aus.

Es war ein Mädchen. Ohne Frage.

Der Beamte hob den Hörer ab und wählte die Nummer der Direktion.

„Hallo, hier ist das Fundamt", meldete er sich. „Wir haben bei uns ein Mädchen. Ungefähr achtzig Zentimeter lang, etwa fünf Kilo schwer, keine Haare, graublaue Augen. Das Alter? Ja, das…" Er schaute fragend den Schaffner an.

„Vier Monate", sagte der Schaffner.

„Vier Monate", wiederholte der Beamte. „Soll ich es in ein Regal legen?"

Die Stimme am anderen Ende des Telefons antwortete etwas. Lang und empört. Dann breitete sich Stille aus. Der Beamte legte den Hörer auf.

„Der Chef ruft die Polizei an", sagte er und sah das Baby an. „Seltsame Leute, heute", schüttelte er den Kopf. „Sie vergessen ein Kind. Im Zug!"

Das Mädchen nieste von neuem. Schaffner Bäuerle wickelte es wieder ein. „Sie ist sehr lieb", sagte er. „Und sie schreit überhaupt nicht. Als wäre sie mit allem einverstanden."

Die beiden Männer beugten sich über das Kind, und ihre Gesichter überzog ein Lächeln.

Vom Fundamt wurde das Mädchen ins Büro des Bahnhofsleiters gebracht. Vom Büro des Bahnhofsleiters zur Polizeiwache. Von der Polizeiwache in die Abteilung für Vermißte. Von der Abteilung für Vermißte in die Herberge für verlorene Kinder. Von der Herberge für verlorene Kinder in den Säuglingshort.

Die ganze Zeit über war das Mädchen ruhig, schrie nicht, weinte nicht.

„Das ist kein vergessenes Kind, das ist ein ausgesetztes Kind", verkündete die Leiterin des Säuglingshortes, als vier Wochen verstrichen waren und keiner nach dem Mädchen gefragt hatte. „Wir müssen es ins Verzeichnis der Findelkinder eintragen."

„Aber unter welchem Namen?" fragte die Oberschwester. Die Leiterin dachte kurz nach.

„Wenn sie schon niemanden und nichts hat", sagte sie schließlich, „soll sie wenigstens einen Namen haben, um den man sie beneidet."

„Oder mehrere", fiel der Oberschwester ein.

„Das wäre noch besser", stimmten die umstehenden Pflegerinnen zu.

„Karin", schlug die Leiterin vor.

„Anna", stieß die Oberschwester hervor.

„Theresia", seufzte eine Pflegerin verträumt.

„Johanna?" fügte eine andere fragend hinzu.

„Adele", beendete die letzte Pflegerin die Taufe.

Karin Anna Theresia Johanna Adele schlief in dieser Zeit und ahnte nicht, daß sie gerade eben Besitzerin von fünf Namen, davon drei königlichen, geworden war.

Einige Tage später bemerkte eine der Ärztinnen, daß durch das bloße Aufschreiben der Anfangsbuchstaben dieser fünf Namen ein sechster entstand: KATJA. Erstaunlich war, daß sich gerade dieser Name durchsetzte.

Karin, Anna, Theresia, Johanna und Adele waren schnell vergessen, und bald sagte niemand zu dem Mädchen etwas anderes als Katja.

Katja war kein über die Maßen hübsches Kind. Auch kein besonders knuddeliges Kind. Nicht einmal ein sonderlich aufgewecktes Kind. Katja war ein glückliches Kind. Sie beschwerte sich nie über irgend etwas. Sie erzwang nichts durch Geschrei. Die meiste Zeit lag sie ruhig da und beschäftigte sich mit sich selbst. Sie zählte ihre Finger, zum Beispiel. Oder ihre Zehen. Sie versuchte, die Zunge herauszustrecken, so weit es ging. Oder sie wälzte sich von einer Seite zur anderen.

Nichts fehlte ihr. Und nicht nur, daß sie selbst ruhig war, Katja verbreitete auch Frieden um sich herum. Das Zimmer, in dem sie schlief, war immer das ruhigste im ganzen Hort. Mit der Zeit gewöhnten sich die Pflegerinnen daran, die besonders unruhigen, weinenden und nervösen Kinder in ihre Nähe zu legen. Katja beruhigte alle.

Nachdem sie alle Finger und Zehen gezählt, die Länge ihrer Zunge abgemessen und das Wälzen von einer Seite zur anderen geschafft hatte, stand sie auf und begann herumzugehen.

Die Leiterin des Säuglingshortes seufzte: „Katja ist schon groß. Sie verläßt uns bald."

„Ich weiß nicht, was wir ohne sie anfangen werden", sagte die Oberschwester. „Sie hat einen so tollen Einfluß auf die anderen Kinder!"

„Nicht nur auf die Kinder. Auch auf uns. Ich habe mich noch nie so ruhig und ausgeglichen gefühlt wie in der letzten Zeit", gab die Leiterin zu. „Und Sie, meine Liebe, haben aufgehört, an Ihren Nägeln zu kauen!"

„Sie wird uns allen fehlen." Die Schwester nickte mit dem Kopf und schaute Katja durch die Glaswand an. Diese tastete sich das hölzerne Laufgitter entlang und lächelte, so daß in ihrem Mund vier kleine Zähne zu sehen waren. Zwei oben und zwei unten.

Nach einiger Zeit wurde Katja ins Kinderheim *Sonnenblume* gebracht. Es befand sich in einem alten Backsteinhaus inmitten eines großen Gartens im Vorort einer großen Stadt.

Die Mauern des Hauses waren an einigen Stellen mit Efeu bewachsen, an anderen mit wildem Wein. Auf dem Dach wucherte Moos. Nicht einmal der Garten war gepflegt. Er ähnelte einem Urwald und war für einen Fremden völlig unbegehbar.

Die Direktorin des Kinderheimes, allgemein Pralinchen genannt, war der Meinung, daß viel Ordnung den Kindern schade, während romantische Unordnung die Phantasie unterstütze. Die Phantasie der Kinder in der *Sonnenblume* mußte demnach höchst ausgeprägt sein.

Im Heim gab es siebenundsechzig Kinder. Katja kam als achtundsechzigstes. Sie war die jüngste von allen.

Pralinchen hatte noch andere außergewöhnliche Erziehungsmethoden. Vor allem zwang sie die Kinder fast nie zu etwas. Zudem zerbrach sie sich auch nicht den Kopf darüber, wie sie einen Übeltäter bestrafen sollte. Entweder erhielt das Kind für einen Streich sofort eine Kopfnuß, einen Stoß in den Rükken oder einen Klaps auf den Hintern, oder aber es konnte sicher sein, daß es der Strafe völlig entging.

Pralinchen wunderte auch nichts, was sie mit den Kindern erlebte, sie hielt nichts für unnormal, nahm alles ernst. Als der kleine, magere Timo zu ihr kam und meldete, daß es ihm gelungen sei, ein Häufchen zu machen, das größer sei als ein Christstollen, klang das unwahrscheinlich. Auf Timos Drängen ging Pralinchen trotzdem mit, um sich zu überzeugen – und gab ihm recht.

Ebensowenig war Pralinchen überrascht, als sich eines Morgens bei ihr eine Abordnung der Kinder mit der Behauptung einfand, daß ein Apfel auf Katjas Kopf wüchse.

„Was für einer?" fragte sie.

„Ein gelber", antwortete die lang aufgeschossene Inge, die trotz ihrer zehn Jahre erst in die dritte Klasse ging, weil sie ständig vergaß, Zwischenräume zwischen den einzelnen Wörtern zu lassen. Sie schrieb alles zusammen, so daß jede ihrer Schreibaufgaben einem langen und verwurstelten Schuhsenkel ähnelte.

„Noch ist er gelb", bemerkte der dicke Samuel mit der ewig schweißbedeckten Nase. „Aber er scheint rot zu werden."

„Das muß ich sehen", sagte Pralinchen und ging mit den Kindern in Katjas Zimmer.

Katja saß im Bett und rieb sich den Schlaf aus den Augen. Sie war kurz zuvor aufgewacht. Durchs Fenster sah sie die Äste einer Lärche, auf denen ein Eichhörnchen herumkletterte. Es hatte einen roten Pelz, und darin hopsten schwarze Flöhe herum. Auf und ab. Vom linken Ohr aufs rechte und vom rechten aufs linke. Vom Schwanz auf den Kopf. Und vom Kopf auf den Bauch. Etwas dermaßen Lustiges hatte Katja in ihrem ganzen fünfjährigen Leben noch nicht gesehen. Sie lachte, nieste und dachte sich: Na so was!

Da betraten Pralinchen, Inge, Samuel und andere Kinder das Zimmer. Schon von der Tür aus sah Pralinchen, daß alles genau so war, wie die Kinder gesagt hatten. Mitten auf dem Kopf, direkt auf dem Scheitel, wuchs Katja ein Apfel. Teilweise verlor er sich im Gebüsch ihrer zerzausten, mit Blütenblättern bestreuten Haare. Trotzdem konnte man erkennen, daß er gelb und stellenweise zartrosa war.

„Katja", sagte Pralinchen ergriffen, „weißt du, was du auf dem Kopf hast?"

Katja ertastete mit den Fingern den Apfel. „'ne Beule", sagte sie. „Juuuuh, die ist ja riesig!"

„Das ist keine Beule, Katja." Pralinchen trat ans Bett und streichelte den Apfel mit der Hand. „Das ist ein Apfel."

„Ein Apfel?"

Pralinchen nickte und roch an ihrer Hand. „Mhmmmmmm!" machte sie.

Nach ihr rochen alle Kinder am Apfel, und alle machten: „Mhmmmmm!"

„Pflücken wir ihn?" fragte Samuel hoffnungsvoll.

„Warten wir ab, bis er von selbst runterfällt", beschloß Pralinchen. „Mir scheint, daß er noch nicht ganz reif ist."

Nach dem Mittag wurde der Apfel reif.

Katja verließ gerade den Speisesaal und stieg die Treppe hinauf, wie sie es den Tauben abgeguckt hatte. Die Kunst bestand darin, mit beiden Füßen gleichzeitig auf jede Stufe zu springen und dabei kein einziges Mal das Geländer mit der Hand zu berühren.

Als sie auf die siebte Stufe sprang, fiel der Apfel von ihrem Kopf und rollte hinunter. Dort hob ihn der dicke Samuel auf, der gerade überlegt hatte, ob er die dritte Portion Nudeln nehmen oder von der Köchin eine Handvoll Rosinen erbetteln sollte. Als der Apfel vor seine Füße rollte, nahm er es als glücklichen Wink des Schicksals, vergaß die Nudeln und die Rosinen und biß in den Apfel. Seine Zähne verschwanden im Fruchtfleisch, und der süße Saft spritzte ihm an die Stirn.

„Mhmmmmm!" brummte er zufrieden und bummelte in den Garten, um auf der Astgabel in der alten Linde den Apfel in Ruhe aufzuessen.

Katja bemerkte nichts. Sie sprang gerade mit beiden Füßen auf die oberste Stufe und atmete glücklich auf:

Es war ihr gelungen, bis nach oben zu springen und das Geländer nicht zu berühren.

Am Nachmittag bemerkten die Kinder beim Spielen, daß es den Apfel auf Katjas Kopf nicht mehr gab. Sie suchten ihn im ganzen Heim und im Garten, bis sie den auf der Astgabel schlafenden Samuel fanden. Am Fuß der Linde lag der sorgfältig abgenagte Apfelbutzen.

„Er hat ihn gefressen", sagte der kleine Timo wehmütig. „Jetzt wissen wir nicht einmal, wie er schmeckt!"

Aber niemand trauerte lange um den Apfel. An dem Tag hatten die Kinder vor, Indianer zu spielen, und sie spielten den ganzen Nachmittag, mit ganzer Kraft. Schließlich mußte Franziska, die Köchin, in den Garten gehen, um die Kinder zum Abendessen zusammenzutrommeln.

Sie stellte sich vor die Tür, schlug mit dem Kochlöffel auf den Boden eines Topfes und rief: „Wollt ihr wohl rauskommen, ihr Schlingel, und marsch zum Abendessen! Sonst spül ich das Ganze runter!"

Die Drohung wirkte sofort. Die Indianer begannen, aus ihren Höhlen herauszukriechen, und vom Hunger getrieben kamen sie zum Essen. Es gab Frikadellen mit Kartoffelsalat, ein Lieblingsgericht aller Indianer.

Von dieser Zeit an wuchsen die Äpfel auf Katjas Kopf
täglich. Am frühen Nachmittag konnte man meistens
eine kleine Knospe erblicken, welche schnell an-
schwoll und bis zum Abend zu einer weiß-roten, süß
duftenden Blüte wurde. Diese fiel in der Nacht ab,
und morgens, wenn Katja aufstand, saßen auf ihrem
Scheitel bereits ein oder mehrere Äpfel.

Pralinchen bemerkte, daß die Ernte um so ergiebi-
ger war, je wohler sich Katja fühlte. Das Obst war
zart, mürbe, saftig und bewirkte gute Laune.

Jedes Kind, das von Katjas Äpfeln kostete, wurde
heiter, und in seinem Benehmen trat eine plötzliche
Wendung zum Besseren ein. Selbst Pralinchen spürte,
als sie zum ersten Mal in einen gelb-roten Apfel biß,
einen derart starken Zustrom von Freude und Le-
benskraft, daß sie hinging und die Bücher in der Bücherei nach Größe ordnete – schon seit einigen Jahren
hatte sie vor, es zu tun. Es war viel hübscher und für
die Kinder auch viel übersichtlicher als die bisherige
alphabetische Unordnung.

Eines Mittwochs stieg die Zahl der Äpfel von Katjas Kopf auf sieben. Die Köchin hatte den Einfall, daß
man eine solche Ernte ausnützen sollte. Sie machte
mit Pralinchen, den Erziehern und den Kindern aus,

daß jeder, der einen Apfel von Katjas Kopf fallen sehen würde, ihn in die Holzkiste in der Küche bringen sollte.

In einer Woche hatten sich in der Kiste sechsundvierzig Äpfel angesammelt, ohne die vier, die Samuel heimlich gegessen hatte.

Franziska band sich ihre Schürze um, bat ein paar ältere Mädchen um Hilfe, und bald darauf überflutete der Duft von Zimt und gebräuntem Zucker das ganze Heim.

Mittags lagen sechs lange Laibe Apfelstrudel, rösch, goldbraun, mit knusprigem Krüstchen, auf dem Küchentisch. Die Köchin nahm das Messer und begann sie zu schneiden. Achtundsechzig Paar Kinderaugen beobachteten vom Speisesaal aufmerksam ihre Arbeit. Samuel tropfte vor Aufregung nicht nur die Nase, sondern auch die Oberlippe, und Katja zählte gewissenhaft die Schnitte: eins, zwei, drei, fünf, acht, fünfzehn, vier, zwanzig…

„Franziska, der Strudel war ein Gedicht!" verkündete Pralinchen, nachdem sie ihr Stück aufgegessen und mit dem Finger sorgfältig die Brösel eingesammelt hatte. „Für den würde ich Ihnen den Nobelpreis verleihen!"

„Hauptsache, er hat allen geschmeckt!" Auf den roten Wangen der Köchin breitete sich ein zufriedenes Lächeln aus. „Wozu einen Preis! Einen neuen

Kochlöffel brauche ich, einen Mörser und eine Zitronenpresse!"

„Ich besorge das", versprach Pralinchen und drohte gutmütig mit dem Finger zum gegenüberstehenden Tisch, „Samuel, leck deinen Teller nicht ab! Und du, Timo, wisch die fettigen Hände nicht an deiner Hose ab!"

An diesem Mittwoch war das Kinderheim *Sonnenblume* kaum wiederzuerkennen.

Die älteren Kinder machten ohne Mahnung alle Hausaufgaben.

Die kleinen Kinder gingen nach dem Essen ohne Widerspruch ins Bett.

Franziska scheuerte die Pfanne und sang.

Timo weinte den ganzen Nachmittag nicht ein einziges Mal.

Der bebrillte Erich hatte kein Bedürfnis, jemanden zu belehren.

Samuel wurde bis zum Abendessen nicht vom Hunger gequält.

Inge ließ in der Deutschaufgabe fast hinter jedem zweiten Wort einen Zwischenraum.

Pralinchen vergaß ihren Nachmittagskaffee und die gestern gekaufte, noch immer ziemlich volle Schachtel Schokoladenpralinen und spielte mit den Kindern und den Erzieherinnen und Erziehern im Garten Menschenfresser.

Katja lag auf dem Bauch unter den überhängenden

Ästen der alten Trauerweide, betrachtete eine Spinne, die zwischen den Grashalmen ihre durchscheinenden Fäden aufspannte, und dachte sich: Na so was!

Trotz des naßkalten Aprilwetters hatten alle das Gefühl, daß das ganze Heim samt Garten in ein warmes, weiches Tuch mit langen Fransen eingehüllt war. Das Krankenzimmer, in dieser Jahreszeit meist überfüllt, war leer.

Seit jenem Tag wurde der Mittwochsstrudel zum feierlichsten Augenblick im wöchentlichen Ablauf der *Sonnenblume*. Er wurde zu einem kleinen, zimtfarbenen Kometen mit einem wehenden Schweif von Freude und guter Laune, die für ganze sechs weitere Tage ausreichten.

Die Zeit existierte nicht mehr als Tage, Wochen und Monate. Die Kinder gewöhnten sich an, das Verfließen der Zeit nach dem vorangegangenen Mittwoch zu messen. Mittwoch war der feste Punkt, um den herum alles kreiste. Mittwoch war die Sonne, zu der die *Sonnenblume* ihr Gesicht wandte.

Franziska, Pralinchen, Katja, Samuel, Timo, Inge, Erich und den übrigen Kindern, Erziehern und Erzieherinnen kam es vor, als sei die sich von Mittwoch zu Mittwoch ausdehnende Freude endlos.

Erich, der in der Schule gerade das Unendliche durchnahm, drückte sein Gefühl durch die Formel $F = \infty$ aus.

Timo wiederum zeichnete ein Bild, das etwa so aussah:

Inge schrieb:

*Mittwoch schmeckt gut, weil wir Strudel haben aber
Donnerstag freitag samstag Sonntag Mondag und
dienstag sind auch nich tübel!*

Katja schrieb nichts und malte nichts. Katja bohrte
zufrieden in ihrer Nase und dachte sich: Na so was!

Anfang Juli ging Pralinchen zum Arzt. Ihr Rücken
schmerzte. Nicht sehr. Gerade so, daß sich ein paar
Wölkchen auf dem blauen Himmel ihrer guten Laune
zusammenzogen.

„Sie haben ein Steinchen in den Nieren", sagte der
Doktor nach einer gründlichen Untersuchung.

Pralinchen erschrak. „Und wie viele sollten da
sein?" fragte sie besorgt.

„Keins."

Das beruhigte Pralinchen. Ein Steinchen aus den Nieren zu entfernen schien ihr leichter, als es dahin zu befördern.

„Was werden wir mit ihm machen?"

Der Doktor schwieg lange, machte ein ernstes Gesicht und tippte mit dem Bleistift auf sein Kinn. Das war seine Art zu zeigen, daß das Problem kompliziert sei, er es aber lösen werde.

„Wir werden das Steinchen herausoperieren", sagte er schließlich. „Einige Zeit lang werden Sie wohl bei uns bleiben müssen."

„Wie lange?" fragte Pralinchen, und ihre Stirn teilte eine Falte.

„Etwa zwei Wochen", beruhigte sie der Doktor. „Länger bestimmt nicht!"

Der Arzt irrte sich. Aus zwei Wochen wurden drei, aus drei vier und aus vier fünf. Es zeigte sich, daß nicht nur ein kleines Steinchen in Pralinchens Niere sein Unwesen trieb, sondern eine ganze Reihe anderer Dinge, die zur Vernunft gebracht werden mußten.

Pralinchen lag im weißen Nachthemd unter einer weißen Decke, schluckte weiße Tabletten und schaute durch das zur Hälfte weiß gestrichene Fenster hinaus. Sie sah die Kronen der Bäume im Spitalgarten. Die Äpfel reiften schon langsam.

Pralinchen beobachtete ihre rundlichen Wangen, auf denen die Sonne Tag für Tag einen größeren Rotstrich hinterließ, und war traurig. Von Zeit zu Zeit besuchte Franziska sie und erzählte ihr Neuigkeiten aus der *Sonnenblume*. Es waren eigenartige, beunruhigende Botschaften.

Die *Sonnenblume* hatte einen neuen Heimleiter bekommen. Vorläufig, bis Pralinchen wieder gesund sein würde. Er hieß Ulrich Graumann. Einen Spitznamen hatte er nicht.

Gleich nach der Ankunft forderte er die Kinder auf, einfach Uli zu ihm zu sagen. Aber kein Kind folgte seinem großzügigen Angebot. Jeder nannte ihn Herr Direktor oder Herr Graumann.

Er konnte es nicht verstehen. Er mochte die Kinder und versuchte immer, mit ihnen kameradschaftlich auszukommen. Allerdings war er fest davon überzeugt, daß es seine Pflicht sei, die Kinder zu erziehen und auf das Leben vorzubereiten. Sie an planmäßige Arbeiten zu gewöhnen. Ihnen Sinn für Ordnung und Disziplin nahezubringen. Ehrgeiz in ihnen zu wecken. Er war sich sehr wohl seiner Verantwortung bewußt. Er mußte den Kindern das geben, was ihnen Eltern und Verwandte verweigert hatten – die richtige Erziehung.

Gleich zu Anfang erkannte Ulrich Graumann, daß sich das Kinderheim *Sonnenblume* in einem sehr verwilderten Zustand befand. Der Garten schrie nach einer Säge, einer Axt und einem Rasenmäher. Die Wege waren mit Unkraut bewachsen, die Farbe des Zauns abgeblättert, das Tor knarrte.

Auch im Haus war nicht alles in Ordnung. Die Treppen und die Böden hatte bestimmt schon lange niemand mehr gebohnert. Viele Eßtische wackelten, in der Bücherei herrschte ein heilloses Chaos, die Wasserhähne in den Waschräumen hatten schlechte Dichtungen, und in der Küche fehlten eine Küchenmaschine und eine Menge anderer Geräte, die den Küchendienst erleichtern.

Ulrich Graumann hatte eine Liste aller Störungen und Mängel zusammengestellt, las sie sich noch einmal durch und lächelte. Es gab viel zu tun, aber das machte nichts. Ulrich Graumann fürchtete die Arbeit nicht.

Außer den technischen Störungen und der Unordnung, das erkannte Ulrich Graumann schnell, gab es noch ein weiteres Problem: Die Erziehungsmethoden der erkrankten Direktorin waren mangelhaft und manchmal sogar falsch. Durch wiederholte, bohrende Fragen stellte er fest, daß

1. im Speisesaal keine feste Sitzordnung vereinbart worden war,
2. kleineren Kindern, die sich nach dem Mittagessen nicht ausruhen wollten, das Spielen im Garten erlaubt war,
3. keine Heimchronik geführt wurde,

4. die Kinder die Direktion betraten, wann immer es ihnen paßte, ohne um einen Termin gebeten zu haben,

5. vor dem Essen nicht kontrolliert wurde, ob sich alle die Hände gewaschen hatten,

6. der Küchendienst nicht eingeteilt wurde, so daß nur der half, der Lust hatte oder den sich die Köchin gerade geschnappt hatte,

7. sich im Heim eine unbestimmte Zahl von Tieren aufhielt, die die Kinder im Garten oder auf der Straße aufgelesen hatten, deren unhygienische Gewohnheiten die Sauberkeit des Heims gefährdeten,

8. kein System zur Belohnung und Bestrafung existierte,

9. die Küche und die Speisekammer nie abgeschlossen wurden, so daß einige undisziplinierte Kinder zu jeder Tages- und Nachtzeit naschen konnten,

10. jeden Mittwoch ein Apfelstrudel gebacken wurde, was nicht nur eintönig, sondern allem Anschein nach auch gesundheitsschädlich war, weil die Äpfel aus einer verdächtigen Quelle stammten.

Die Punkte eins bis neun zu beseitigen, war nicht sehr anstrengend. Man benötigte nur Geduld und einen starken Willen. Schwieriger war es mit Punkt zehn. Daß auf Katjas Kopf Äpfel wuchsen, stand außer Frage. Damit mußte sich der neue Heimleiter abfinden, auch wenn es dem gesunden Menschenverstand widersprach. Wichtiger aber war, *warum* auf ihrem Kopf Äpfel wuchsen.

Der Direktor dachte darüber sehr lange nach und kam zu dem Schluß, daß Katja krank sei. Keinem gesunden Kind wachsen Äpfel auf dem Kopf. Ulrich Graumann kannte jedenfalls keines. Es war höchst wahrscheinlich, daß es sich hier um eine neue Art Krankheit handelte. Vielleicht um eine ansteckende. Wenn dies der Fall war, sollte man so bald wie möglich mit der Heilung beginnen.

Als allererstes rief der Direktor Katja zu sich, um mit ihr zu sprechen. Er wollte die Sache nicht in Angriff nehmen, bevor er Katjas Ansicht kannte.

Katja betrat die Direktion. Sie trug eine Knospe und zwei Äpfel auf dem Kopf. Der eine war gelb, der andere rötlich, fast reif.

„Wie fühlst du dich, Katja?" fragte der Heimleiter kameradschaftlich. „Eine Wahnsinnshitze, nicht wahr?"

„Unter der Weide nicht. Dort ist Schatten. Und es gibt Spinnen. Die spannen da ihr Netz aus."

Ulrich Graumann nahm sein Notizbuch heraus und notierte sich: *Die Kranke antwortet gebrochen. Sie ist nicht fähig, sich auf das Gesprächsthema zu konzentrieren.* Dann hob er seinen Blick und fuhr freundlich fort: „Langweilst du dich denn nicht, jetzt in den Ferien, wo viele Kinder weg sind?"

„Samuel ist nicht weg", erwiderte Katja.

„Ich weiß, aber die anderen. Tut es dir nicht leid, daß du nicht auch irgendwo beim Wasser sein kannst?"

„Hinterm Haus haben wir 'ne Badewanne hingestellt", sagte Katja. „Wir baden darin. Und bespucken uns mit Wasser."

Der Direktor nickte und notierte: *Die Kranke ist ihrem Schicksal gegenüber gleichgültig und nicht imstande, einen Wunsch oder eine Sehnsucht zu entwickeln.* Darauf zwinkerte er Katja zu, um zu zeigen, daß seine Fragen gutgemeint seien.

„Tut es dir nicht weh da oben?" Er zeigte auf ihren Scheitel.

Katja kratzte sich am Kopf. „Es juckt", sagte sie. „Vor allem, wenn sie blühen. Oder wenn die Stare daran picken."

Die Erkrankte empfindet ihre Krankheit als lästig und unangenehm, schrieb der Heimleiter und klappte sein Notizbuch zu. Dann stand er auf, ging auf Katja zu und strich ihr über die Haare. Dabei paßte er auf, daß er mit den Äpfeln nicht in Berührung kam. Ohne es offen zu zeigen, empfand er einen leichten Ekel. Wie gegenüber Kröten, Raupen, Spinnen, Nacktschnecken, Fischen und einigen Arten von Pilzen.

Vielleicht sind es gar keine Äpfel, fiel ihm ein. Vielleicht sind das giftige Früchte, die nur wie Äpfel aussahen! Dieser Gedanke beunruhigte ihn sehr.

„Morgen fahren wir zusammen in die Stadt, Katja",

sagte er lächelnd. „Wir werden mit dem Auto fahren, das wird dir gefallen. Wir besuchen einen ganz netten Herrn Doktor!"

Katja nickte. Der reife Apfel fiel ihr vom Kopf und rollte unter den Tisch. Katja hob ihn auf und wischte ihn an ihrem schmuddeligen T-Shirt ab. Dann bot sie ihn großzügig dem Direktor an.

Ulrich Graumann erblaßte leicht und trat einen Schritt zurück. „Nein, danke", er machte mit der Hand eine abweisende Bewegung. „In ein paar Minuten ist doch das Mittagessen fertig."

Katja machte seine Ablehnung nichts aus. „Ich bringe ihn Samuel", sagte sie. „Der hat vorm Essen immer Hunger."

Sie steckte den Apfel unter das T-Shirt und lief zufrieden in den Garten.

Höchste Zeit, etwas zu unternehmen, dachte Ulrich Graumann mit Unruhe. Sonst vergiften sich alle Kinder, und ich werde sie auf dem Gewissen haben!

Der Arzt, zu dem der Direktor mit Katja ging, fand das Mädchen ganz gesund. Na ja, da war die Sache mit den Äpfeln, aus der Sicht der Medizin höchst interessant, aber wo steht, daß es sich dabei um eine Krankheit handelt? In den Büchern der Heilkunde war nichts Derartiges zu finden. Auf Wunsch Ulrich Graumanns schickte der Arzt einen Apfel ins Labor zur Untersuchung. Katja verschrieb er einen Puder, den sie sich immer auf den Kopf schütten sollte, wenn es zu sehr juckte. Mehr konnte er nicht für sie tun.

Ulrich Graumann bedankte sich und brachte Katja zurück ins Heim. Er entschied sich unterwegs, noch einen anderen Arzt zu besuchen. Einen erfahreneren. Und zuverlässigeren.

In den nächsten zwei Ferienwochen hatte Katja keinen Augenblick Ruhe. Untersuchte sie gerade kein Arzt, saß sie mit Bestimmtheit in einem Wartezimmer, ließ sich von einer Krankenschwester in die Finger stechen und Blut entnehmen oder versuchte auf dem Spitalklo, ins zugewiesene Glas zu treffen und sich dabei nicht die Hand naß zu machen. Es war ermüdend und langweilig.

Die meisten Ärzte hatten außerdem eine Vorliebe fürs Ausfüllen langer Fragebögen. Katja mußte unzählige Fragen beantworten, die sie nicht verstand, die aber sehr wichtig zu sein schienen. Sie sagte *ja* oder *nein*, manchmal auch *ich weiß nicht* oder *vielleicht*, je nachdem, was ihr gerade einfiel.

Einmal schlief sie beim Ausfüllen des Fragebogens ein, und ihr Kopf sank auf den Tisch mit den vorbereiteten Spritzen. Sie stach sich in die Nase und in die linke Wange, so daß sie vom Arzt behandelt werden mußte und mit großen Pflastern zurück ins Heim kam. Sie weinte nicht, klagte nicht, verschwand nur für den Rest des Nachmittags in der Tiefe des Gartens, und niemand erblickte sie bis zum Abendessen.

Nach einiger Zeit kam ein Brief mit dem Ergebnis der Laboruntersuchung. Man behauptete, daß der untersuchte Apfel ganz harmlos sei, er zeige keine Spur chemischer Behandlung, habe einen hohen Gehalt an Vitamin C und sogar B_1, was bei Äpfeln völlig einzigartig sei. Die Nachricht endete mit der persönlichen Bemerkung, daß die Laboranten den Apfel gekostet und einen leichten Rausch empfunden hätten. Wie nach dem Weintrinken. „Man fühlt sich wie verliebt", schrieb Laborantin Kirschke, die den Zustand der Verliebtheit gut kannte, weil sie sich etwa zweimal im Jahr darin befand.

Ulrich Graumann las die Nachricht aufmerksam durch und dachte lange nach. Einerseits spürte er Erleichterung. Seine Befürchtung, daß Katjas Äpfel giftig sein könnten, stellte sich als falsch heraus. Andererseits war er noch stärker beunruhigt. Wenn der Apfel eine ähnliche Wirkung wie Alkohol hervorrief, stand fest, daß im Obst eine Droge war. Eine noch unbekannte Droge. Deshalb wurde sie von den Laboranten nicht gefunden. So war das. Ganz bestimmt! Und wenn in Katjas Äpfeln eine Droge war, so mußte er die Kinder vor ihr schützen. Sofort. Ob sie wollten oder nicht.

Nach dem Abendessen erbat sich Ulrich Graumann Ruhe und hielt eine kleine Rede vor den wenigen Kindern und Erziehern, die in den Ferien im Heim geblieben waren. Er erklärte ihnen, daß das Essen von Katjas Äpfeln ihrer Gesundheit schaden könnte. Er verbot Franziska, die Äpfel zum Strudelbacken zu benutzen. Er befahl allen, jeden Apfel, der von Katjas Kopf fallen würde, gleich in die Mülltonne zu werfen.

„Wir könnten die Äpfel doch wenigstens kompostieren", sagte eine umweltbewußte Erzieherin.

„Nein", lehnte Ulrich Graumann den Vorschlag ab. „Es gibt hier Kinder, die fähig wären, das Obst vom Komposthaufen aufzulesen und zu essen."

Er nannte niemanden, schaute jedoch in Samuels Richtung. Samuel errötete, und auf seiner Nase traten mehr Schweißtropfen als sonst hervor.

„Die Sache mit dem Backen verstehe ich nicht", brummte Franziska. „Alle Kinder mögen den Apfelstrudel, und soviel ich weiß, ist noch niemand davon krank geworden! Ich glaube…"

„Ich glaube, daß man den Strudel auch aus gekauftem Obst backen könnte", beendete der Direktor die Diskussion. Niemand sagte etwas dazu. Nur Katja bekam zum Schluß der Rede einen Schluckauf, der ihren Körper so stark schüttelte, daß alle Äpfel, die reifen wie die unreifen, von ihrem Kopf herunterfielen. Einer der tüchtigsten Erzieher sammelte sie auf und warf unter dem wohlgefälligen Blick des Direktors alle bis auf den letzten in den Mülleimer.

Die Kinder begaben sich in die Waschräume.

Katja versuchte, sich die Nase zuzuhalten und nicht

zu atmen, aber umsonst. Auch Beißen in die Zunge, Rückwärtsbeugen und Aufblasen der Wangen halfen nicht. Erst als Franziska ihr einen warmen Umschlag auf den Magen legte und ein Lakritzbonbon in den Mund steckte, wurde der Schluckauf schwächer und verschwand allmählich ganz.

Die Zeit floß langsam und faul im Flußbett der Ferien, aber Ulrich Graumann war völlig eingespannt. Er stand um sechs Uhr auf und legte sich nur selten vor Mitternacht schlafen. Seine Tage waren vollgestopft mit tatkräftiger Arbeit.

Er leitete jeden Morgen persönlich die Frühgymnastik. Vormittags arbeitete er mit den Kindern im Garten. Er mähte Gras, sägte die zu üppigen Äste der Bäume ab, putzte das unordentliche Holunderdikkicht am Zaun aus, stach Beete, pflanzte Blumen und legte neue Gartenwege an. Aus dem unschönen Hügel im Südteil des Gartens, der beim Piratenspiel das Schiff darstellte und von den Kinderfüßen so festgestampft war, daß längst kein Gras mehr darauf wuchs, machte der Direktor einen Steingarten.

Auch im Haus regte er eine fieberhafte Tätigkeit an. Die Installateure wechselten die verstopften Ablaufrohre und die undichten Dichtungen aus; die Schreiner schliffen die Parkettfußböden, die Erzieher und die Kinder bohnerten sie, bis sie wie Spiegel glänzten. Für die Küche bestellte der Direktor eine elektrische Schneidemaschine für Brot und eine für Räucherware, einen elektrischen Kartoffelschäler, eine elektrische Reibemaschine für alle Gemüsearten und eine neue, bessere Spülmaschine.

Die meiste Zeit jedoch beanspruchte die Bücherei. Ulrich Graumann warf die alten Schränkchen weg, kaufte neue, praktische Regale, machte ein Verzeichnis aller Bücher, erstellte eine Kartei, ordnete die Bücher nach Themen, Alphabet und Autoren und führte Leihstunden, Leihfristen und Strafen für nicht rechtzeitig zurückgebrachte, verlorene oder beschädigte Bücher ein.

Im Speisesaal ließ er die wackligen Tischbeine befestigen und zeichnete eine Sitzordnung.

Er versah die Kleiderhaken in der Garderobe mit den Nummern der Zimmer. Er stellte im Klubraum ein großes Aquarium mit herrlichen goldenen, roten und regenbogenfarbenen Fischen auf. Zugleich verbot er, andere Tiere ins Haus zu bringen.

Außer all diesen Aufgaben, die er sich auferlegt hatte, hatte Ulrich Graumann noch eine Pflicht: Er mußte Katjas Lebensweise beaufsichtigen. Nach längerem Suchen hatte er endlich einen Arzt gefunden, der derselben Meinung war wie er: Keinem gesunden

Kind wachsen Äpfel auf dem Kopf, daraus folgte, daß Katja kein gesundes Kind war, daraus folgte, daß Katja geheilt werden mußte.

Die Heilmethode bestand aus regelmäßigem Turnen (täglicher Lauf ums Haus herum, Frühgymnastik), aus kalten Duschbädern, Atemübungen, ausgiebigem Schlaf und Diät. Das war nicht wenig, und es war nicht leicht, alles zu überwachen. Aber Ulrich Graumann hatte einen starken Willen und große Geduld, und wenn er sich etwas vorgenommen hatte, wich er keinen Fingerbreit davon ab.

Nach dem anstrengenden Lauf, an dem der Direktor aus Mitgefühl mit Katja teilnahm, blieb er ab und zu neben dem Mädchen stehen, tätschelte ihm den Rücken und munterte es auf.

„Hab keine Angst, Katja", sagte er meistens. „Wir geben nicht auf! Wir zwei legen die Krankheit aufs Kreuz, du wirst sehen!" Dabei lächelte er ermutigend.

Die Sommerferien gingen zu Ende. Die Kinder, die den Sommer bei ihren Bekannten oder Verwandten verbracht hatten, kamen ins Heim zurück. Sie erkannten es kaum wieder. Es war nicht mehr das romantisch-verwitterte Haus mit dem bemoosten Dach, das sich in der geheimnisvollen Tiefe des Urwalds verlor. Aus der *Sonnenblume* war ein vor Sauberkeit und Ordnung strahlendes Gebäude in der Mitte eines vorbildlich gepflegten Gartens geworden, dessen Wege wie mit dem Lineal gezogen aussahen. Das Buschwerk am Zaun, so geeignet zum Versteckspiel, war verschwunden. Das Gartentor war stumm. Auf dem Piratenhügel blühten kostbare Hochgebirgspflanzen. Einige alte Bäume waren gefällt und andere ordentlich beschnitten worden. Auch die große Trauerweide, deren Äste bis zur Erde gehangen hatten, war kurzgestutzt und das zottige Gras unter ihr gemäht. Die Spinnen packten ihre Garnspulen und zogen weg.

Die größte Veränderung bemerkten die Kinder bei Katja, auch wenn niemand genau sagen konnte, worin die Veränderung bestand. War sie gewachsen, schlanker geworden? Waren ihre Haare dunkler und ihre Augen ernster geworden? Das alles stimmte, es war jedoch nicht das Wichtigste. Etwas war verschwunden, etwas von Katja war verlorengegangen, aber was?

Die Äpfel wuchsen zwar noch immer auf ihrem Kopf, allerdings viel weniger. Ein, zwei in der Woche. Auch Katjas einsames Schlendern im Garten hörte fast auf. Sie bohrte nicht mehr lange und verträumt in der Nase. Ihre weitgeöffneten Augen schienen schmaler zu werden. Sie sah blaß und unwohl aus. Sie hörte auf zu lächeln. Sie hörte auf zu staunen. Keiner hörte sie mehr sagen: „Na so was!" Katja verlernte, glücklich zu sein.

Eines Septembernachmittags, gerade als Pralinchen
ihre Portion der weißen Tabletten geschluckt hatte,
ging die Tür ihres Zimmers auf, und Inge, Samuel,
Timo und Erich marschierten herein. Alle waren fest-
lich gekämmt und hatten geputzte Schuhe. Sie grüß-
ten und traten an Pralinchens Bett.

„Na so ein Besuch!" rief Pralinchen fröhlich und
setzte sich im Bett auf. „Alle schon wieder aus den Ferien zurück?"

„Wie geht es Ihnen?" fragte Erich düster.

„Ganz gut", antwortete Pralinchen. „Ich glaube,
sie entlassen mich schon bald."

„Wann?" stieß Inge hervor.

„Das weiß ich nicht."

„Morgen? Übermorgen?" fragte Timo ungeduldig.

„Am besten wäre gleich", sagte Samuel. „Das
würde uns sehr helfen."

„Helfen? Wobei?"

„Etwas zu tun! Weil die *Sonnenblume* nicht mehr
so ist, wie sie war! Weil es überall schreckliche Ordnung gibt! Weil man im Garten nicht mehr spielen
kann! Weil auf Katjas Kopf keine Äpfel mehr wachsen!" berichteten die Kinder aufgeregt.

Pralinchen erschrak. „Was sagt ihr?"

„Die Wahrheit!" schrien die Kinder jetzt. „Katja ist krank! Sie sieht zumindest so aus. Und nicht nur sie. Fast jeder hat was. Und Franziska singt nicht mehr. Der Direktor hat ihr befohlen, mit 'nem Mundtuch zu kochen, weil sie 'nen Schnupfen hat!"

„So ist das also!? Franziska kam lange nicht bei mir vorbei. Sie wollte mir wahrscheinlich keine schlechten Nachrichten bringen." Pralinchen lächelte den Kindern freudlos zu. „Ich weiß nicht, wie ich euch helfen könnte. Ihr seht doch, daß ich selbst krank bin."

„Wir haben Ihnen etwas mitgebracht", sagte Samuel. „Damit Sie gesund werden. Damit Sie bald heim können."

Er fuhr mit der Hand in die Hosentasche. Inge auch. Erich griff unter sein Hemd. Timo unter das T-Shirt. Jeder angelte einen Apfel heraus. Ein bißchen gelb. Und ein bißchen rötlich. Sie legten sie auf Pralinchens Bett.

„Sind das... Katjas Äpfel?" fragte Pralinchen.

Die Kinder nickten.

„Von früher", erklärte Timo.

„Samuel hat sie versteckt", sagte Inge.

„Weil er die ganzen Ferien im Heim war", fügte Erich hinzu.

„Einer ist angebissen", gab Samuel zu. „Aber nur ein kleines bißchen."

Pralinchen nahm einen Apfel in die Hand. Es war

gerade der angebissene. Sie roch an ihm und machte: „Mhhhhmmm!" Dann grub sie ihre Zähne in das saftige Obstfleisch. Da spürte sie in den geschwächten Beinen und Armen neue Kraft. Sie streckte den Arm aus und ließ alle Kinder nacheinander in den Apfel beißen. „Mhhhmmmm!" machten Inge, Erich, Timo und Samuel. Ihre düsteren Gesichter begannen sich langsam aufzuhellen.

„Kommen Sie also bald heim?" fragte Timo.

„Ich komme!" versprach Pralinchen und warf den Apfelbutzen durchs offene Fenster in den Spitalgarten.

„Wann?"

„Wenn ich alle Äpfel aufgegessen habe, die ihr mir gebracht habt."

„Das geht ruckzuck", versicherte Samuel. „Drei Äpfel schaffen Sie, noch bevor die Sonne untergeht!"

Ulrich Graumann saß an seinem Schreibtisch und hatte eine tiefe Falte zwischen den Augenbrauen.

Durchs offene Fenster erschallte aus dem Garten das Gezwitscher der Vögel. Die goldenen und rötlichen Blätter der Bäume zitterten im Wind. Das Heidekraut im Steingarten stand in voller Blüte.

Ulrich Graumann konnte sich jedoch nicht richtig über den prächtigen Septembertag freuen. Er hatte Sorgen. Zwei Erzieher hatten gekündigt. Mir nichts, dir nichts. Als er nach dem Grund fragte, antworteten sie, daß sie sich nicht zufrieden fühlten. Mehr bekam er aus ihnen nicht heraus. Er wußte natürlich, daß er bald zwei andere Erzieher finden würde, trotzdem war das ärgerlich.

Außerdem schlich sich eine Seuche ins Heim ein. Von achtundsechzig Kindern waren zweiundzwanzig krank. Das Krankenzimmer reichte für einen solchen Ansturm nicht mehr aus, so daß einige Kinder ins Krankenhaus mußten. Auch Franziska legte sich ins Bett. Gestern noch hatte sie das Abendessen vorbereitet, und heute rief sie an, daß sie Fieber, Schnupfen, Husten und Angst vor Lungenentzündung hätte.

Zu all diesen Schwierigkeiten schloß sich unerwartet die Sorge um Katja an. Seit heute früh war sie nicht aufzufinden. Der Direktor hatte mit den Kindern und Erziehern den ganzen Garten und das Haus durchsucht, sie aber nicht gefunden. Er hatte sich gerade schweren Herzens dazu entschlossen, die Polizei anzurufen, als das Telefon auf seinem Schreibtisch klingelte.

„Hallo?" Der Direktor hob den Hörer ab. „Kinderheim *Sonnenblume*, vertretender Direktor Ulrich Graumann am Apparat."

Er hörte eine Weile zu.

„Wirklich? Frau Direktorin ist schon gesund?" fragte er unruhig. „Und wann kommt sie? Morgen schon? Ja, ich verstehe… natürlich… ich übergebe das Heim der Frau Direktorin im tadellosen Zustand, nur... nur ein Mädchen ist verschwunden. Bitte? Nein, ich bin nicht verrückt. Es geht um die kleine Katja, sie ist seit dem Frühstück nicht mehr zu finden... Bitte? Natürlich, Herr Senator! Ich rufe sofort die Polizei an! Natürlich... Ich kenne doch meine Pflicht! Auf Wiederhören, Herr Senator!"

Er legte den Hörer auf, seufzte und schaute einen Augenblick nachdenklich das blühende Heidekraut an. Dann hob er den Hörer von neuem ab und wählte die Nummer der Polizei.

Der Polizeihauptkommissar schrieb sich Katjas Größe, Gewicht, Augen- und Haarfarbe und ihr Alter auf. Dann fragte er: „Hat das Mädchen ein besonderes Merkmal?"

„Natürlich", antwortete Ulrich Graumann. „Auf ihrem Kopf wachsen Äpf... eigentlich nicht mehr."

„Bitte?"

„Sie hat kein besonderes Merkmal", sagte Ulrich Graumann. „Ein Mädchen einfach. Wie jedes andere. Ganz gesund."

Er beendete das Gespräch und begab sich in die Küche. Er mußte an Franziskas Stelle das Mittagessen kochen. Und das Abendessen. Und das morgige Frühstück zubereiten. Er hoffte, daß Katja bis dahin gefunden würde. Es lag ihm außerordentlich daran, der zurückkehrenden Direktorin das Kinderheim in absoluter Ordnung zu übergeben. Er hatte ja schon so viel dafür getan! Sollte er sich das jetzt verderben lassen?

Pralinchen verließ das Krankenhausgelände und atmete tief ein. Sie war glücklich. Glücklich, daß sie keine Rückenschmerzen mehr hatte, glücklich, daß man sie entließ, glücklich, daß es warm war. Sie war Anfang Juli im leichten Kleid und Sandalen ins Krankenhaus gekommen und fürchtete jetzt, daß sie frieren würde. Aber die Sonne leuchtete gütig, und sie schritt fröhlich und unbeschwert die Straße entlang, als ob sie zu einem Fest eingeladen worden wäre.

Sie hatte vor, nach Hause zu gehen, zu baden, ihre Haare zu waschen und eine Tasse schwarzen Kaffee zu trinken, aber vom schönen Wetter verführt, entschied sie sich anders: Ich fahre zuerst in die *Sonnenblume*! Die Kinder warten bestimmt schon auf mich! Auch Franziska ist wahrscheinlich ungeduldig. Pralinchen hatte ihr am Vortag ein Telegramm aus dem Krankenhaus geschickt. *Nieren gesund. Erwartet mich morgen zum Mittagessen! P.* stand darin.

Pralinchen überquerte die Straße und betrat die Bahnhofshalle. Vom letzten Gleis aus fuhr jede Stunde ein Zug in die Vorstadt zum Kinderheim.

Als sie in der Mitte der Halle angekommen war, sah sie plötzlich im Strudel der Leute vor sich einen Schaffner. Er führte ein kleines Mädchen an der Hand. Sie gingen schnell, aber trotzdem erkannte Pralinchen sofort, daß das Mädchen Katja war.

Pralinchen drängte sich durch die Menschenmenge hindurch und klopfte dem Schaffner auf die Schulter. „Wo führen Sie das Mädchen hin?" fragte sie.

Der Schaffner drehte sich um. „Was geht Sie das an?" brummte er.

„Viel", antwortete Pralinchen. „Das ist nämlich mein Kind!"

„Ihr Kind?" Der Schaffner machte ein mißtrauisches Gesicht. „Das könnte jeder sagen! Wie wollen Sie das beweisen?"

„Überhaupt nicht", versicherte ihm Pralinchen. „Ich nehme Sie mit und basta! Katja, wir gehen!"

„Einen Augenblick!" rief der Schaffner. „Ich habe das Kind gefunden, und den Anweisungen nach muß ich alle gefundenen Gegenstände beim Fundamt abgeben. Dort wird ein Protokoll aufgenommen."

„Unsinn", wies ihn Pralinchen zurecht. „Das Kind war schon beim Fundamt."

„Wirklich?" Der Schaffner machte große Augen. „Aber ich... habe sie doch gerade erst im Zug gefunden."

„Sie waren aber nicht der erste. Unsere Katja reist nämlich wahnsinnig gern. Von klein auf schon."

„Ach, so ist das!" nickte der Schaffner, als ob ihm nun alles klar wäre. In Wirklichkeit war ihm überhaupt nichts klar. Er wollte aber nicht als Trottel dastehen. „Also ein Protokoll..."

„Ein Protokoll wurde schon längst aufgenommen.

Wir gehen heim", fiel ihm Pralinchen ins Wort. „Und Ihnen würde ich ein bißchen weniger Tüchtigkeit empfehlen. Es gibt Sachen und Kinder, die sich selbst finden können. Ohne Hilfe des Fundamtes. Wissen Sie, warum?"

Der Schaffner schüttelte verwirrt den Kopf.

„Einfach darum, weil sie überhaupt nicht verloren sind!"

Pralinchen packte Katja an der Hand und führte sie weg.

Der Schaffner schaute ihnen nach. Es schien ihm, daß das vor einer Weile noch mit den Tränen kämpfende Mädchen lächelte. Zugleich spürte er ein leichtes Glücksgefühl und unerklärliche Freude, die seinen ganzen Körper durchfluteten und wovon er nicht sagen konnte, woher sie kamen.

Pralinchen und Katja saßen sich im Zugabteil gegenüber und beobachteten die vorbeieilenden Häuser und Fabriken. Der Zug schlenderte durch das Industrieviertel und hielt hin und wieder mit knirschendem Geräusch an kleinen Bahnhofsstationen. Die erste, zweite, dritte, vierte, fünfte, sechste, zählte Pralinchen vor sich hin. Die erste, zweite, dritte, sechste, vierte, neunte, zählte Katja. Beide wußten, daß sie an der dreizehnten Station aussteigen mußten.

„Ist dir nicht kalt?" fragte Pralinchen zwischen der zweiten und dritten Station.

Katja schüttelte den Kopf.

Zwischen der vierten und fünften Station fragte Pralinchen: „Wo wolltest du hin?"

„Weg", antwortete Katja kurz. Etwas später, zwischen der fünften und sechsten Station, fügte sie hinzu: „Jetzt nicht mehr."

Als der Zug an der achten Station stand, sagte Pralinchen: „Vielleicht sucht dich jetzt schon die Polizei."

„Vielleicht", antwortete Katja eine Station später. Dann schwiegen sie zwei Stationen lang.

„Bleiben Sie jetzt im Heim?" fragte Katja kurz vor der zwölften Station. „Für immer?"

„Hmmmm", nickte Pralinchen. „Für immer. Und du?"

„Hmmmm", nickte Katja ebenfalls.

Als der Zug an der dreizehnten Station hielt und Pralinchen die Waggontür öffnete, sagte Katja: „Die Äppel haben aufgehört. Total."

„Die Äpfel", verbesserte Pralinchen und half ihr beim Aussteigen. „Das wird wieder, wirst sehen!"

„Sie kooommt! Pralinchen ist schon hieeeeer!" erschallte Timos schriller Schrei vom ersten Stock. Gleich danach erbebte das ganze Gebäude vom Getrampel unzähliger Füße.

„So", flüsterte Ulrich Graumann vor sich hin. „Jetzt werde ich es ihr sagen müssen."

Langsam stand er vom Schreibtisch auf und ging in den Flur hinaus.

Die Direktorin eilte ihm schon entgegen. „Fabelhaft!" rief sie. „Sie haben eine fabelhafte Begabung, Sachen in Ordnung zu bringen! Ich erkenne hier einfach nichts wieder! Die Küche! Der Speisesaal! Und der Garten! Wie haben Sie das bloß geschafft?"

„Eins habe ich leider nicht geschafft", brachte Ulrich Graumann heraus. Die Worte blieben ihm wie trockene Kartoffelbrocken im Halse stecken. „Ich habe es nicht geschafft, aufmerksam genug zu sein. Katja ist verschwunden. Seit gestern ist sie nicht aufzufinden. Ich habe schon die Polizei benachrichtigt."

„Machen Sie sich keine Sorgen", fiel ihm Pralinchen ins Wort. Ihr Gesicht strahlte wie die Gesichter aller Kinder, die in einer dichten Traube um sie herumstanden. „Katja ist hier. Sie ist in die Küche gegangen, um etwas zu essen, weil sie einen Riesenhunger hatte. Anschließend muß sie gleich ins Bett, sie ist todmüde!"

„Wo haben Sie sie..., wo war sie?" stieß Ulrich Graumann mit Erleichterung hervor.

„Wir sind uns auf dem Bahnhof begegnet", klärte ihn Pralinchen zuvorkommend, aber knapp auf. Dann wandte sie ihre Aufmerksamkeit wieder den Änderungen im Kinderheim zu.

„Die Fußböden! Wie haben Sie das geschafft, daß sie so glänzen?" staunte sie mit solcher Bewunderung, daß alle Anstrengung der letzten Wochen gleich aufgewogen war. „Und das Geländer! Es wackelt nicht mehr! Sie sind ein Genie! Ein echtes Genie!"

„Übertreiben Sie nicht", wies Ulrich Graumann ihr Lob bescheiden zurück. Aber es tat ihm gut. „Was heißt Genie? Ich habe einfach nur versucht, hier alles ein bißchen zu organisieren. Ich denke, daß eine gute Organisation der Grundstein eines jeden Kinderheims ist."

„Natürlich", stimmte ihm Pralinchen zu. „Ich habe zwar nie darüber nachgedacht, aber Sie haben sicher recht. Was würden Sie dazu sagen, wenn wir die nächsten Minuten so organisieren: Sie rufen die Polizei an, daß sie die Suche nach Katja einstellen kann, und ich koche für uns beide einen guten schwarzen Kaffee. Sind Sie einverstanden?"

Ulrich Graumann war nur zu gern einverstanden. Mit erleichtertem Herzen kehrte er in die Direktion zurück und griff nach dem Telefonhörer. Während er die Nummer der Polizei wählte, vernahm er von unten Gesang. Er erkannte Franziskas Stimme. Seltsam, dachte er, gestern noch hatte sie hohes Fieber, und jetzt ist sie in der Küche und singt! Er konnte das nicht begreifen. Es kam ihm sehr merkwürdig vor. Unorganisiert.

Der Herbst kam. Ein langer, warmer, sonniger Herbst. Die Fenster des Kinderheimes blieben den ganzen Tag offen, und obwohl der November nahte, wurde noch nicht geheizt. Es war so warm, daß man noch immer im Gras sitzen konnte und die Kinder mit kurzen Ärmeln herumliefen.

Franziska trug ihren Stuhl hinaus und rieb Karotten und schälte Kartoffeln im Garten. Natürlich war es mühsamer und langwieriger, als wenn sie es der Kartoffelschälmaschine überließ, aber sie war an der frischen Luft und konnte ein Lied vor sich hin singen. Das ging neben der geräuschvollen Maschine nicht.

Pralinchen hatte schon längst den Krankenhausgeruch, die Krankenhausmüdigkeit und die Krankenhauslangeweile von sich abgeschüttelt und gewöhnte sich wieder an den täglichen Kreislauf im Kinderheim. Einige Zeit blieb die in Haus und Garten von Ulrich Graumann eingeführte Ordnung noch bestehen, aber allmählich kam wieder alles ins alte Gleis. Langsam, unmerklich, ohne daß jemand darüber nachgedacht hätte.

Die Sitzordnung im Speisesaal überklebte jemand mit einer Einladung zum Maskenball, und die Kinder begannen, sich wieder ihren Sitzplatz nach Lust und Laune auszusuchen.

Die Dose mit dem Bohnerwachs stand im Waschraum, und große Mädchen bedienten sich ihrer als Hocker, wenn sie einander die Fingernägel lackierten.

Die Nummern an den Kleiderhaken blieben, doch langsam vergaß man deren Sinn. Inge versicherte allen, daß der Aufhänger Nummer sieben glücksbringend sei, so daß er ständig von Mänteln und Jacken überschwemmt war, während die anderen Haken leer blieben.

Auch mit dem Heimdienst gab es Schwierigkeiten: Wer sollte ihn bestimmen und kontrollieren, ob er eingehalten wurde? Manche Kinder halfen Franziska gern und oft, andere mieden die Küche meilenweit, und Franziska fiel es nicht im Traum ein, sie in allen Ecken zu suchen.

Im Tagesablauf entstanden ebenfalls Sprünge. Das schöne Wetter lockte die Kinder hinaus, und so verkürzte sich der Mittagsschlaf von neunzig Minuten auf sechzig, dann auf dreißig, und schließlich erlaubte Pralinchen den Kindern, während der Mittagsruhe im Garten zu spielen. „Aber nur ruhige Spiele", sagte sie streng. Die Kinder gehorchten. Sie verzichteten auf die wilden Indianer-, Piraten- und Menschenfresserspiele und gaben sich mit den viel ruhigeren Mammutjäger- und Schmugglerspielen zufrieden.

Mit dem reifenden Herbst wurde der Garten immer schöner und schöner. Der Ende August zuletzt gemähte Rasen wuchs wieder nach, und an manchen Stellen erreichte das Gras eine solche Höhe, daß Katja und Timo darin Höhlen bauen konnten. Auch der ausrasierten Trauerweide begann ein neuer Bart zu wachsen. Die Spinnen kamen zurück und legten ihren Fadenladen wieder aus. Morgens waren die Spinnennetze mit Tautropfen behängt, von denen Samuel behauptete, daß sie wie echte Glasperlen aussähen.

Katja hockte lange Minuten bei ihnen und staunte darüber, daß in jeder Perle die ganze Welt versteckt war. Dort im Gras gab es Tausende zitternde, winzige Welten, und nach geraumer Weile überfiel Katja immer das Gefühl, daß auch sie in einer solchen Perle sitze und in den Windböen hin und her schaukele. Es war verrückt.

An einem Samstagmorgen saß Pralinchen in ihrem Büro und dachte darüber nach, ob Franziskas neuer Freund, der Dackel Pankraz, die zerkaute Spitze ihres Schuhs auf dem Gewissen hätte, oder die zwei Igel, die die Kinder am Abend vorher aus dem Garten mitgebracht hatten. Sie hatten sie zwar in der Dusche eingesperrt, aber morgens war die Dusche leer gewesen und von den Igeln keine Spur mehr zu sehen.

Pralinchen zog ihren Schuh aus und beschnupperte ihn prüfend. Er roch leicht nach Schokolade. Das erinnerte sie daran, daß in der Schublade eine bisher noch nicht angebrochene Schachtel Pralinen lag. Sie öffnete sie und nahm ein Schokoladenbonbon in den Mund. Langsam wälzte sie es auf der Zunge hin und her und sah aus dem Fenster.

Plötzlich bemerkte sie, daß auf dem Glas kleine Schneeflocken landeten. Sie stand auf und preßte ihre

Nase an die Fensterscheibe. Tatsächlich, es schneite. Sparsam, unauffällig, aber es war richtiger erster Schnee. Der Himmel über der *Sonnenblume* war voll davon.

Im Flur erschallte Getrampel. Die Kinder wollen mir verkünden, daß es schneit, dachte Pralinchen und öffnete die Tür. Ins Büro stürmten Inge, Erich, Samuel und Timo. Hinter Timo lief Pankraz und versuchte, ihn in die Ferse zu beißen.

„Draußen schneit's!" brüllte Timo, damit ihm keiner zuvorkommen konnte.

„Es sind kleine Schneeflocken, die tauen nicht so schnell", belehrte Erich Pralinchen.

„Aber für Schneebälle sind sie nicht gut, weil sie nicht kleben", fügte Inge hinzu.

„Und Katja", fing Samuel an, und die anderen Kinder schlossen sich ihm an, so daß die Botschaft eher wie ein Kriegsschrei ertönte: „Auf Katjas Kopf wächst ein Apfel!"

„Das muß ich sehen", verkündete Pralinchen. Sie zog ihren zerkauten Schuh an und ging mit den Kindern zu Katjas Zimmer.

Katja saß im Bett und rieb sich den Schlaf aus den Augen. Sie war kurz zuvor aufgewacht.

Durchs Fenster sah sie die Äste der Lärche, auf denen sich die kleinen Schneeflöckchen bescheiden niederließen. Es war überraschend und wunderbar.

Katja lächelte, nieste und dachte: Na so was!

Da hörte sie ein Geräusch an der Tür. Sie drehte sich um und sah Pralinchen, Inge, Timo und die übrigen Kinder.

„Katja", sagte Pralinchen strahlend. „Weißt du, was du auf dem Kopf hast?"

Katja hob den Arm und ertastete mit den Fingern den Apfel.

„'nen Appel", sagte sie, verbesserte sich aber gleich: „Einen Apfel. Juuuh, ist der riesig!"

„Wir warten, bis er reif ist", sagte Samuel zufrieden.

„Aber nicht, daß du ihn dann gleich wieder auffrißt!" warnte ihn Timo. „Wir stellen wieder 'ne Kiste in die Küche!"

„Richtig", stimmte ihm Franziska zu, die der Lärm aus der Küche herbeigelockt hatte. „Wir stellen eine Kiste in die Küche und werden sehen. Vielleicht bringen wir es wieder zu einem Strudelmittwoch."

Franziska beugte sich nieder und packte Pankraz an seiner weiten Haut am Hals. „Und jetzt marsch zum Frühstück, sonst spül ich das Ganze runter!"

Siebzehntausendsiebenundsiebzig silberne Sterne

Oskar war klein. Alle sagten das. Auch der Bäcker.

„Du Stöpsel!" rief er immer, während er Oskar die Tüte mit Brötchen reichte. Eins drückte er ihm immer extra in die Hand. „Iß richtig, damit du groß wirst! Man sieht dich ja hinter der Theke überhaupt nicht!"

Auch der Mutter schien Oskar klein.

„Du darfst nicht alleine über die Straße gehen, du bist noch ein Winzling!" sagte sie zu ihm, wenn er in den Park hinter dem Haus gehen wollte. „Was wäre, wenn dich einer überfahren würde?"

Der Vater fand Oskar nicht klein. Das kam daher, weil Oskar keinen Vater hatte. Dafür betonte Frau Rosemarie, die alte Nachbarin aus dem Erdgeschoß, Oskars mangelnde Größe unentwegt.

„Was lacht ihr über ihn?" schrie sie den Jungen zu, die affenflink auf die hohen Ahornbäume und Buchen am Rande des Spielplatzes kletterten. Oskar reichte nicht einmal an den ersten Ast heran. „Er ist eben noch klein! Er hat kurze Arme!"

Frau Rosemarie ging dann meistens zu dem Baum und hob Oskar hoch, so daß er sich auf den Ast wie auf ein Pferd setzen konnte. Mit den Armen umklammerte er die glatte Rinde und blickte in die Ferne. Er sah Bäume und Bäume und Bäume. Bis zu den alten Festungsmauern. Dort endete der Park, nicht aber die Stadt. Sie zog sich weiter durch das Gewirr der Straßen, den Wald der Häuser und das Stoppelfeld der Schornsteine.

Oskar war nie hinter der Festung gewesen. Er kannte nur die Straße, in der er wohnte, und den runden Platz, in den sie mündete. Im Winter stand dort ein mit bunten Glühbirnen geschmückter Tannenbaum, aber im Sommer stand an derselben Stelle ein Zuckerbäcker, der hohe aufgeschäumte Berge Vanille- und Erdbeereis verkaufte.

Die Stadt war unübersichtlich, den Park dagegen kannte Oskar sehr gut. Früher war er mit seiner Mutter dorthin gegangen, in letzter Zeit ging er mit Frau Rosemarie. Die Mutter lag im Krankenhaus und durfte nicht aufstehen.

„Siebzehntausendsiebenundsiebzig silberne Sterne tanzten auf siebzehntausendsiebenundsiebzig silbernen Seilen", sagte die Mutter flink, wenn Oskar mit Frau Rosemarie zu Besuch kam. Sie wollte, daß es Oskar wiederholte, damit er aufhörte zu lispeln. Manchmal gelang es ihm, manchmal nicht.

Aber immer, ob es so war oder anders, bekam er eine Apfelsine von ihr. Sie hatte den ganzen Nachttisch voll davon, und es schien, als würden sie nie weniger werden. Vielleicht war das Krankenhaus gleichzeitig eine Fabrik für Apfelsinen, welche durch eine versteckte Rohrleitung direkt in die Nachttische kullerten, überlegte Oskar, während er auf Mutters Bettkante saß, das süße Fruchtfleisch kaute und zufrieden gegen das Nachbarbett trat. Wahrscheinlich war es so. Ganz sicher. Während der langen Zeit, die die Mutter im Krankenhaus lag, geschah es nämlich nicht einmal, daß sie keine Apfelsine für Oskar gehabt hätte.

Obwohl Oskar klein war, war er nicht so klein, daß er nicht verstanden hätte, was die Leute um ihn herum sagten. Zum Beispiel der Bäcker, die Nachbarinnen auf der Straße, die Jungen auf dem Spielplatz. Alle sagten dasselbe, obgleich sie sich Mühe gaben, daß Oskar sie nicht hörte. Aber Oskar hörte sie.

„Wann gehen wir wieder zur Mama?" fragte er Frau Rosemarie am Abend, als sie ihn schlafen legte. Er schlief jetzt bei ihr auf der Couch neben dem Herd. Es gefiel ihm, denn der Herd war alt, man heizte ihn mit Holz und Kohle, und durch den Schlitz in der Aschenkastentür war die Glut der Flammen zu sehen.

„Deine Mutter ist gestorben, Oskar", sagte Frau Rosemarie.

Es war das, was Oskar schon vom Bäcker, den Nachbarinnen und den Jungen auf dem Spielplatz gehört hatte. Erst jetzt begriff er, warum Frau Rosemarie in den letzten Tagen Schnupfen hatte. Und Augenentzündung. Er schlang seine Arme um ihren Hals und vergrub das Gesicht in ihrem weichen Pullover.

Er hatte keine Lust zu weinen. Er wollte nur die Augen schließen und so bleiben, bis ihn die Müdigkeit überwältigen würde.

Kurz bevor er in seine Träume versank, erinnerte er sich an die Apfelsinen in Mutters Nachttisch. Er hätte gern gewußt, ob sie noch dort waren. Aber vielleicht hatte Mutter sie mitgenommen. Der Gedanke wiegte ihn in den Schlaf.

Er träumte, daß er sich auf einer großen, grünen, mit orangen Blüten besäten Wiese befand. Als er sich hinunterbeugte, um eine zu pflücken, stellte er mit Erstaunen fest, daß es keine Blüten, sondern Apfelsinen waren.

Mitten auf der Wiese, in der Schublade ihres Nachttisches, saß die Mutter, warf Apfelsinen ins Gras und sang: „Siebzehntausendsiebenundsiebzig silberne Sterne, trallalalala, tanzten auf siebzehntausendsiebenundsiebzig silbernen Seilen, trallalalala!"

Es war ein schönes, ganz einfaches Lied, und die Mutter sang es immer wieder. Oskar wußte, daß er die Melodie von irgendwoher kannte. Er versuchte, mit der Mutter zu singen, doch es gelang ihm nicht. Die Worte und die Melodie verdrehten sich in seinem Kopf, und seine Zunge war wie gelähmt.

Am Schluß erwachte er vor Ratlosigkeit.

In der Küche herrschte graues Dämmerlicht, im Garten hinter dem Fenster wälzte sich der Nebel. Oskar drehte den Kopf zum Herd. Vom gestrigen Feuer

waren ein paar glimmende Kohlestücke im Aschen-
kasten zurückgeblieben. Sie blinzelten wie Katzen-
augen. Oskar sah sie lange starr an, bis seine Augen
anfingen zu tränen. Seine Lider brannten, es juckte
ihn in der Nase, zuletzt begann er laut zu schluchzen.

Da öffnete sich die Tür, und auf der Schwelle erschien Frau Rosemarie. Mit einigen schnellen Schrit-
ten ging sie auf die Couch zu, schob Oskar zur Wand
und legte sich neben ihn.

„Weine dich nur aus", sagte sie und legte ihren Arm
unter seinen Kopf. „Das ist das beste. Weine es aus dir
heraus, bis du nicht mehr kannst. Dann wird es dir
bessergehen."

„Aber ich wei…ne nicht", schluchzte Oskar. „Nur
die Kohlestücke… die brennen so! Und an das Lied
kann ich mich auch nicht mehr erinnern!"

„Du erinnerst dich schon wieder!" versicherte ihm
Frau Rosemarie.

Oskar wollte noch von den Apfelsinen erzählen
und von dem Nachttisch auf der grünen Wiese, da
drückte ihm aber eine neue Welle des Weinens die
Kehle zu, und er sagte nichts mehr. Er weinte nur und
weinte und weinte. Die Tränen flossen ihm hinter den
Kragen des Schlafanzuges, sickerten in das Kissen,
und manche fielen auf Frau Rosemaries Arm. Dort
flossen sie durch die Flußbetten der Falten zu einem
breiten Fluß zusammen, welcher die Ebene des Un-

terarms, das flache Gelenktal und das Gebirgsvorland des Daumens bespülte, bis er endlich in den See der Handfläche gelangte. Der See stieg an, der Nebel hinter dem Fenster löste sich langsam auf, die Kohlestücke im Ofen wurden zu Asche. Als der hellblaue Morgen die Küche betrat, schlief Oskar fest. Er träumte nichts.

Von dieser Zeit an wohnte Oskar bei Frau Rosemarie. Nichts fehlte ihnen. Sie hatten ein Zimmer mit dem Fenster zur Straße und eine Küche mit dem Fenster zum Garten, sie hatten ein Klo auf dem Flur mit einer kalten Brille darauf, sie hatten eine Blechwanne, in der Frau Rosemarie jeden Samstag und Oskar jeden Dienstag badete, und sie hatten ein Bild in einem goldenen, teilweise abgeblätterten Rahmen. Auf dem Bild stand ein dünner Mann mit Eulenaugen und einer Eisenbahnermütze in der Hand. Von diesem Mann erzählte Frau Rosemarie, er sei ein paar Monate ihr Ehemann gewesen. Aber bevor sie sich aneinander gewöhnen konnten, ertrank er im Schnaps. Oskar konnte nicht begreifen, wo soviel Schnaps herkam, daß der Mann mit den Eulenaugen darin ertrinken konnte, aber Frau Rosemarie rief: „Und ob! In dem Land, aus dem mein Mann stammte, gab es so viel Schnaps, daß ganze Dörfer darin ertranken!"
   Sie hatten auch Mutters Foto, ebenfalls in einem goldenen Rahmen. Es hing in der Küche über Oskars

Couch. Manchmal sah Oskar sie vor dem Einschlafen an, manchmal war er so müde, daß er es vergaß.

Obwohl Oskar einen Baukasten, seine Eisenbahn, Autos, das Piratenschiff und sieben Seeräuber, darunter zwei mit einem Holzbein und einen Einäugigen, zu Frau Rosemarie mitgebracht hatte, spielte er nur selten damit. Ihm blieb keine Zeit dafür. Jeden freien Augenblick verbrachte er mit Frau Rosemarie im Park. Und an freien Augenblicken mangelte es ihnen nicht.

Der Park war alt und groß, teils ähnelte er einem Wald, teils einem königlichen Garten. Eine verschlafene Ecke erinnerte Oskar an das Märchen von Dornröschen. Es stand kein mit Dornen bewachsenes Schloß da, sondern heruntergekommene, verlassene Buden von Komödianten, die im Laufe der Zeit einen besseren Platz gefunden hatten. Die jämmerliche Ruine eines Karussells war dageblieben, eine traumverlorene Schießbude, aus deren Dach Gras wuchs und unter deren verblichenen Zielscheiben Wespen ihre Nester gebaut hatten, und schließlich eine alte Waldschenke. Die mochte Oskar am meisten. Im grünlichen Licht unter der Decke flogen zwischen den Ranken wilden Weins Schwalben umher.

Oskar und Frau Rosemarie spielten hier „Damals". Damals, als Frau Rosemarie klein war. Als sie die Waldschenke mit ihren Eltern besuchte. Der Vater pflegte Kaffee und Cognac zu trinken, die Mutter und

Frau Rosemarie bestellten Eis. Frau Rosemarie aß am liebsten das mit Nuß- und Sahnegeschmack, und Oskar bereitete es mit großer Sorgfalt aus Sand und Kieselsteinen zu.

„Es ist geronnen!" ärgerte sich Frau Rosemarie und tupfte sich angewidert die Lippen ab. „Ihr tolpatschiger Koch kann nicht einmal ein ordentliches Eis zubereiten!"

Sie schob das Eis dann immer weg, und Oskar bereitete ein neues zu. Es war ein wundervolles Spiel, und sie konnten so laut sprechen wie sie wollten, denn außer den Schwalben war niemand in der Nähe. Den Schwalben machte das Damals-Spiel nichts aus. Einmal spielte eine sogar mit. Sie trug gerade eine Raupe zu ihren Kindern ins Nest, da stolperte sie über irgend etwas in der Luft, und die Raupe fiel ihr aus dem Schnabel direkt auf das Wegerichblatt vor Frau Rosemarie.

„Also das ist die Höhe!" kreischte Frau Rosemarie in einem Ton, mit dem in ihrer Kindheit nervöse Damen Gerechtigkeit forderten. „Ich habe Pfannkuchen mit Schokoladencreme bestellt, und Sie bringen mir ein Schnitzel! Ich sehe, Sie sind ein noch größerer Tölpel, als ich dachte!"

Wenn es zu stark regnete, blieben sie zu Hause. Frau Rosemarie bügelte oder buk etwas oder klöppelte Spitzenkragen und kleine Deckchen. Die brachte sie in einen Laden auf dem runden Platz. Mit dem verdienten Geld gingen sie ins Kino. Oskar sah sich gern Zeichentrickfilme an, Frau Rosemarie wiederum genoß die Liebesgeschichten.

Im November, als es fast ununterbrochen goß, sahen sie im „Regenbogen", dem Kino am Ende ihrer Straße, fünf Zeichentrickfilme mit dem Maulwurf, eine verliebte, aber überaus traurige Geschichte, die „Die Sklavin" hieß, die Abenteuer von Tom und Jerry, eine Komödie „Vor lauter Liebe fraß sie ihn", ein paar Filme mit Charlie Chaplin und das Märchen von der Schneekönigin. Bei Charlie Chaplin lachte Frau Rosemarie so laut, daß sich die Zuschauer in ihrer Nähe beschwerten, und Frau Rosemarie versuchte ihre Heiterkeit zu unterdrücken, bis es sie im Hals zu kitzeln anfing. Zum Glück hatten sie Schokolade mit – das beste Mittel gegen Halskitzeln. Frau Rosemarie aß zwei Riegel, Oskar vier. Vorbeugend.

Eines Tages, Ende November, wehte ein scharfer Wind die Regenwolken weg, und man konnte nach langer Zeit wieder die Sonne sehen. Frau Rosemarie und Oskar beschlossen sofort, in den Park zu gehen. Aber als sie gerade im Begriff waren aufzubrechen, läutete es an der Tür.

„Guten Tag", grüßte die junge Frau im Pelzmantel, dessen Kragen hochgeschlagen war, so daß nur ihre Nasenspitze herausschaute. „Ich komme wegen Oskar."

Es zeigte sich, daß die Nasenspitze eine große Kinderliebhaberin war. Sie sagte, sie arbeite in einem der vielen Ämter von einem der vielen Ministerien. Sie habe ein großes Büro mit einer großen Kartei, in der alle Namen der Kinder dieser Stadt stünden. Auch Oskars Name stehe dort. Ihre Aufgabe sei, sich darum zu kümmern, daß den Kindern nichts fehle. Daß sie genug Essen hätten. Schöne Spielsachen. Keinen Mangel an warmen Kleidern. Gute Pflege und Erziehung.

Als die Nasenspitze dies gesagt hatte, fing sie an, sich in der Wohnung umzusehen. Sie ließ sich zeigen, wo Oskar schlief, wo er sich wusch, wo er aufs Klo ging. Sie wollte seine Spielsachen und Bilderbücher sehen. Sie schaute in den Kühlschrank und maß die Abzugsröhre des Ofens. Dann streichelte sie Oskar und fragte ihn: „Gefällt es dir denn bei Frau Rosemarie?" Oskar bejahte.

„Bestimmt?" fragte die Nasenspitze mißtrauisch.

„Ja doch!" antwortete Oskar ungeduldig. „Ganz bestimmt!"

Nachdem sie weg war, machten sich Oskar und Frau Rosemarie auf den Weg in den Park. Die Sonne schien noch immer, auf den Beeten verblühten die letzten Rosen, der wilde Wein auf dem Dach der Waldschenke glühte wie die glimmenden Kohlestücke im Ofen.

Trotzdem war es kein gelungener Nachmittag. Oskar machte, was er konnte. Er ließ Frau Rosemarie sogar Hochzeit feiern und buk ihr eine zweistöckige Torte. Doch sie schien abwesend zu sein. Sie konzentrierte sich nicht auf das Spiel, gab falsche Antworten, und ihre Augen schweiften über die verlassenen Schwalbennester. Ihre Zerstreutheit hatte wohl etwas mit dem Besuch der jungen Frau im Pelzmantel zu tun. Nur daß Oskar nicht wußte, was. Letztendlich gab er das Damals-Spiel auf.

Er kletterte auf den halbzerfallenen Sitz des Karussells und ließ sich von den starken Windböen hin und her schaukeln. Als er die Augen schloß, war es, als ob er auf einem Schiff stünde, das von stürmischen Meereswellen getragen würde. Er schnupperte, ob nicht ein Geruch von Fischen und Salz in der Luft hinge. Aber das einzige, was er roch, war die feuchte Erde und eine leichte Vorankündigung des Schnees.

Die ersten Schneeflocken landeten drei Tage später in der Stadt. Oskar saß am Tisch und raspelte Kartoffeln. Frau Rosemarie schälte sie. Sie wollten Kartoffelpuffer zum Mittagessen machen. Da schaute Oskar auf, stieß einen Freudenschrei aus und raspelte sich den Zeigefinger blutig.

Frau Rosemarie blickte auch auf. Sie war weitsichtig. Während Oskar die nahen Flocken sah, die sich vor dem Fenster auf der Wäscheleine niederließen, erkannte Frau Rosemarie nur die entferntesten, die auf dem Gartentor landeten. Genausogut erkannte sie den Briefträger, der gerade das Tor öffnete und auf das Haus zuschritt. Keine Minute später klingelte es.

Oskar rutschte vom Stuhl und eilte zur Tür. Frau Rosemarie wusch sich die Hände und folgte ihm.

Das Schreiben, das der Briefträger brachte, war in einem grauen Umschlag und hatte keine Briefmarke. Nur Stempel. Frau Rosemarie las es Oskar vor. Es stand darin, daß die beiden an einem der nächsten Arbeitstage, während der Arbeitszeit, im Büro Nummer 207 im zweiten Stock des Gebäudes, wo sich das Jugendamt des dritten Bezirks befindet, erscheinen sollten. Sie würden von der verantwortlichen Referentin Else Wacker erwartet.

Oskar verstand den Brief nicht. Er hatte auch keine Ahnung, wer Else Wacker sein könnte und warum sie sie auf so eine umständliche Art besuchen sollten. Aber Frau Rosemarie erklärte ihm, daß Else Wacker keine andere sei als die Nasenspitze im Pelzmantel. Dann verstummte sie, und in ihrem Gesicht breitete sich derselbe Ausdruck von Zerstreutheit aus wie unlängst im Park.

Erst jetzt spürte Oskar, wie sehr sein Zeigefinger brannte. Er steckte ihn in den Mund, aber es half nichts. Er versuchte ein wenig zu schluchzen, um die Aufmerksamkeit Frau Rosemaries auf sich zu ziehen, aber sie nahm ihn nicht wahr. Schließlich legte er sich eine Kartoffelscheibe auf die wunde Stelle, kniete beim Fenster nieder und schaute in den Garten.

Die Flocken fielen ins Gras und verschwanden. Sie fielen und verschwanden. Als ob sie das Gras verschluckte. Oskar fiel ein, daß er den Brief im grauen Umschlag ins Gras legen könnte. Der Brief würde verschwinden, und Frau Rosemarie wäre so wie früher. Als er sich jedoch umdrehte, war das Schreiben weg, und Frau Rosemarie schloß gerade die oberste Schublade des Küchenschrankes.

Dort reichte Oskar nicht hinauf. Nicht einmal, wenn er sich auf den Stuhl stellte. Die Schublade war hoch, und Oskar war immer noch zu klein.

Als Oskar und Frau Rosemarie das Büro Nummer 207 betraten, wartete die Nasenspitze schon auf sie. Diesmal hatte sie keinen Pelzmantel mit hochgestelltem Kragen an, Oskar erkannte sie aber trotzdem. Sie lächelte ihm zu, sagte „Momentchen" und verschwand im Nebenzimmer. Als sie wieder erschien, trug sie eine Mappe in der Hand. Ihr folgten eine Frau mit dünnem, schwarzem Schnurrbart auf der Oberlippe und ein Mann, der – wie sich bald herausstellte – lispelte. Alle setzten sich an ein niedriges Tischchen in der Ecke des Büros. Oskar bekam ein Bonbon und

Frau Rosemarie eine Tasse Kaffee. Sie ging damit auf den Flur.

Oskar wollte ihr nachlaufen, aber die Frau mit dem Schnurrbart hielt ihn auf. Wenn er nichts dagegen hätte, würden sie ihm ein paar Fragen stellen. Oskar war nicht gegen Fragen, er war nur dagegen, daß Frau Rosemarie ihren Kaffee auf dem Flur trinken mußte. Die Nasenspitze behauptete jedoch, es sei besser so. Er würde leichter antworten können. Er begriff nicht, warum. Einige Einfälle der Erwachsenen kamen ihm wirklich seltsam vor.

Sie fragten Oskar alles mögliche: Wie er heiße und wie alt er sei. Womit er am häufigsten spiele. Ob er jeden Tag bade. Ob er Frau Rosemarie möge. Ob Frau Rosemarie manchmal böse auf ihn sei. Ob sie ihn anschreie. Ob sie oft krank sei. Ob sie für Oskar Geschenke habe. Ob sie gut koche. Ob Oskar Freunde habe. Ob er sich auf die Schule freue.

Manche Fragen waren langweilig, manche lächerlich, manche dumm. Aber Oskar beantwortete alle, denn Frau Rosemarie hatte ihm zu Hause erklärt, daß er auf diese Weise die Nasenspitze, die grauen Umschläge mit Stempeln und das Büro Nummer 207 schneller los würde.

Endlich schien es, daß niemandem mehr eine Frage einfiel, die man auf den großen Bogen Papier eintragen könnte. Die Nasenspitze stand auf, und die Frau mit dem Schnurrbart stand ebenfalls auf. Nur der

Mann saß noch immer da und notierte sich etwas. Plötzlich sah er auf.

„Möchtest du uns noch etwas sagen?" fragte er Oskar. „Etwas, das dir wichtig erscheint?"

Oskar schluckte das dünne Scheibchen Bonbon herunter, das er bis jetzt unter der Zunge versteckt gehalten hatte, befeuchtete sich die Lippen und sagte: „Siebzehntausendsiebenundsiebzig silberne Sterne tanzen auf siebzehntausendsiebenundsiebzig silbernen Seilen!"

Alle S und Z sprach er richtig und mit solchem Nachdruck aus, daß der Mann gegenüber sein Taschentuch herausnehmen mußte, um sich die beschlagene Brille abzuwischen.

Obwohl sich Oskar nicht geweigert hatte, die langweiligen, lächerlichen, seltsamen und dummen Fragen zu beantworten, kamen die grauen Umschläge mit Stempeln dauernd wieder. Manchmal las Frau Rosemarie Oskar die Briefe vor, manchmal steckte sie sie ungeöffnet in die oberste Schublade des Küchenschrankes. Aber gelesen oder ungelesen, die grauen Briefe verstimmten Frau Rosemarie immer wieder. Sie hörte auf zu reden, legte die Stirn in Falten, sah abwesend aus.

Einmal, als der Briefträger wieder einen solchen Brief brachte und Frau Rosemarie ihre Brille suchte, um ihn zu lesen, fragte Oskar: „Geht das nicht, jemandem zu verbieten, Briefe zu schreiben?" Er sagte zwar *jemandem*, meinte aber die Nasenspitze.

„Den Behörden kann man das nicht verbieten", sagte Frau Rosemarie und ging in ihr Zimmer, um ihre Brille zu suchen. Der Brief blieb auf dem Tisch liegen. Oskar öffnete die Ofentür und warf den grauen Umschlag mit den Stempeln ins Feuer.

„Jam-jam", ließ es sich das Feuer schmecken und leuchtete mit einem hellen, gelben Licht auf.

„Da hast du wieder einmal mit dem Knie gedacht!" sagte Frau Rosemarie, die gerade in dem Augenblick in die Küche kam. Sie hatte ihre Brille auf und sah alles. „Jetzt weiß ich nicht, was in dem Brief stand, und muß zum Amt gehen, um es zu erfahren."

„Wir können doch so tun, als hätten wir keinen Brief bekommen", schlug Oskar vor.

Aber Frau Rosemarie sagte, daß ihnen damit nicht geholfen wäre. Sie sagte, daß die Briefe nicht das seien, was ihr am meisten zum Halse heraushänge. Am meisten ärgere sie, daß die Nasenspitze, die Frau mit dem Schnurrbart, der Mann, der lispelte, und andere Beschäftigte des Jugendamtes dächten, daß es Oskar bei ihr nicht gutgehe. Daß sie zu alt und krank sei, um Kinder erziehen zu können. Daß Oskar in ein Kinderheim gehen solle. Dort hätte er viele Freunde, Spielsachen, Bücher und Erzieher, die ihm stets mit allem behilflich wären. Im Kinderheim hätte er kein Klo mit einer kalten Brille darauf, keinen alten Ofen, der ab und zu rauchte, keine Blechwanne, in die man mit einem Eimer Wasser eingießen mußte. Dort wäre er zufriedener.

Oskar schaute durch das offene Ofentürchen in die Flammen, die sich schlängelten und herumhopsten, als ob sie es kaum erwarten könnten, einen neuen Umschlag mit Stempeln verschlingen zu dürfen. Er sagte nichts, nahm sich aber ganz fest vor, keine weiteren Fragen zu beantworten. Nicht der Nasenspitze, nicht der Frau mit dem Schnurrbart, nicht dem Mann, der lispelte. Niemandem.

Aber niemand fragte ihn mehr. Ein weiterer Umschlag traf auch nicht ein. Statt dessen zog Frau Rosemarie Oskar eines Nachmittags warm an und führte ihn in die Zuckerbäckerei an der Ecke des runden Platzes.

„Bestell dir, was du willst, ich komme gleich zurück", sagte sie mit dem bekannten abwesenden Blick, so daß Oskar klar war, daß sie zum Büro Nummer 207 ging.

Er bestellte einen Erdbeerbecher mit Sahne und danach noch einen mit Pfirsichen. Dann saß er eine Weile nur so da und sah zum Schaufenster hinaus. Zwei Männer auf hohen Leitern umwickelten den Tannenbaum in der Mitte des Platzes mit Schnüren aus bunten Glühbirnen. Frau Rosemarie kam nicht.

Oskar beschloß, die zweistöckige Nußschnitte mit Schokolade auszuprobieren, und als er damit fertig war, hatte er solchen Durst, daß er ein Glas Apfelsaft trinken mußte. Danach aß er noch einen Negerkuß und eine halbe Tüte Gummibärchen. Die andere Hälfte hob er für Frau Rosemarie auf – sie mochte Gummibärchen sehr gerne, besonders die gelben.

Endlich kam sie. Oskar merkte, daß sie schon wieder Schnupfen und Augenentzündung hatte. Sie beglich Oskars Rechnung, reichte ihm die Hand, und sie gingen nach Hause.

Auf dem Weg erinnerte sich Oskar, daß er in der Zuckerbäckerei die restlichen Gummibärchen vergessen hatte. Aber Frau Rosemarie sagte, daß es egal sei. Sie habe sowieso keine Lust auf Gummibärchen. Nicht auf gelbe und auch nicht auf andere. Sie denke, daß sie nie mehr Gummibärchen essen werde, denn Gummibärchen hätten ihr nur mit Oskar geschmeckt, und Oskar müsse nun ins Kinderheim. Die Nasenspitze habe es ihr bekanntgegeben, und man könne dagegen nichts machen, weil es eine amtliche Anordnung sei.

Oskar schwieg. Er wußte, daß er weinen, schreien, sich auf den Boden werfen und mit den Füßen stampfen könnte, aber wenn Frau Rosemarie sagte, daß daran nichts zu rütteln sei, stimmte das auch.

Und so machte Oskar gar nichts. Er spürte nur, daß sein Magen sich zusammenkrampfte und schaukelte, und als sie beim Gartentor angelangt waren und Frau Rosemarie die Klinke herunterdrückte, war das

Schaukeln so stark, daß Oskar sich nicht dagegen wehren konnte. Mit einem Ruck beugte er sich vor, und innerhalb von wenigen Sekunden übergab er dem Rosenbeet am Zaun alle Erdbeeren und alle Pfirsiche mit Schlagsahne, die zweistöckige Nußschnitte mit Schokolade, den Apfelsaft, den Negerkuß und auch die halbe Tüte Gummibärchen.

Frau Rosemarie schüttete die Bescherung mit Schnee zu, führte Oskar ins Haus und legte ihn auf die Couch. Sie gab Oskar eine Wärmflasche auf den Bauch und legte sich neben ihn.

Sie lagen da und schwiegen, und jedesmal, wenn sich Oskar bewegte, gluckerte die Flasche. Plötzlich, nach einem solchen Gluckern, erinnerte sich Oskar an die Melodie des Liedes, das ihm seine Mutter im Traum gesungen hatte. Sie tauchte aus seinem Gedächtnis auf, blitzschnell und unerwartet wie ein Aal aus der Tiefe.

„Siebzehntausendsiebenundsiebzig silberne Sterne lalala…"

Es war eine schöne, ganz einfache Melodie. Oskar sang sie laut vor und noch einmal und noch einmal und noch einmal. Frau Rosemarie stimmte ein, und sie sangen zusammen, bis Oskars Lider schwer wurden. Er verstummte mitten im Wort und schlief fest ein.

Das Kinderheim war ganz am Rande der Stadt. Es
stand am Ufer eines Teiches, in dem die Kinder im
Sommer baden konnten und auf dessen zugefrorener
Oberfläche sie im Winter Schlittschuh liefen. Oskar
konnte weder schwimmen noch Schlittschuh laufen.
Aber die Erzieher versicherten ihm, daß er beides bald
lernen werde. Und vieles mehr. Zum Beispiel Mühle
zu spielen. Oder Dame. Oder Mensch ärgere dich
nicht. Kleine bunte Deckchen zu weben. Die Umrisse
der Kastanienblätter mit einem in Farbe getunkten
Pinsel zu malen. Laternen aus Seidenpapier herzustel-
len. Und kleine Nikoläuse mit Wattebärten.

Dies alles war wohl sehr wichtig, nur daß Oskar
nicht begriff, wozu. Wenn er nach dem Frühstück mit
anderen Kindern in den Spielsaal kam, setzte er sich
jedesmal ans Fenster und schaute zum Weg hinaus,
der sich um den Teich schlängelte und in einem Wald
verschwand.

Er wußte, daß am Waldrand die Haltestelle des
Busses war, mit dem Frau Rosemarie aus der Stadt
kam. Sie besuchte ihn jeden Tag nach dem Mittagessen, und sie verbrachten zusammen den ganzen
Nachmittag. Manchmal bauten sie einen Schneemann, manchmal eine Schneelaterne, einmal fütterten

sie durch ein Loch im Eis die Fische, ein anderes Mal versuchten sie im Wald „Damals" zu spielen. Aber es war viel zu kalt, und ohne die Waldschenke gelang es ihnen nicht so recht.

Eines Nachmittags nahm Frau Rosemarie Oskar in die Stadt mit. Sie fuhren viele Stationen mit dem Bus, dann stiegen sie um und fuhren noch lange mit der Straßenbahn, bis sie auf dem runden Platz ausstiegen. Es dunkelte schon. Der Tannenbaum leuchtete blau und gelb und rot in der Abenddämmerung. Sie kamen zu Hause an, kochten sich heiße Schokolade und buken dann Vanillehörnchen aus dem Teig, den Frau Rosemarie vorbereitet hatte. Manche von Oskars Hörnchen wurden viel zu dick und manche wieder so mager, daß sie anbrannten, und Frau Rosemarie zerbröselte sie den Vögeln im Garten. Aber da zeigte die Küchenuhr schon halb sechs, und sie mußten zur Straßenbahn eilen.

Ins Kinderheim kehrten sie lange nach dem Abendessen zurück. Die Erzieher schickten Oskar in den Waschraum und dann gleich ins Bett, und Frau Rosemarie rief der Direktor zu sich ins Büro.

Aber was er ihr sagte, erfuhr Oskar an dem Tag nicht mehr. Er war so müde, daß er in dem Moment einschlief, als er den Kopf aufs Kissen legte.

Er träumte von einem Vanillehörnchen, das so groß war, daß es vom Kinderheim bis zum Tannenbaum am runden Platz reichte. Oskar wußte, wenn er an dem einen Ende und Frau Rosemarie am anderen anfangen würde abzubeißen, so würden sie sich irgendwann in der Mitte treffen. Und so biß er ab und biß ab und biß ab.

Am nächsten Tag nach dem Frühstück, als Oskar sich ans Fenster gesetzt hatte und anfing, den Weg zu betrachten, berührte jemand seine Schulter. Oskar drehte sich um und sah den Direktor.

„Frau Hegenscheidt kommt heute nicht, Oskar", sagte er.

Oskar wußte zuerst nicht, wen der Direktor meinte, dann fiel ihm aber ein, daß Frau Hegenscheidt Frau Rosemarie war.

„Sie kommt", sagte er mit Überzeugung.

„Sie kommt nicht", beharrte der Direktor. „Gestern haben wir es abgesprochen. Sie wird dich von nun an nur einmal in der Woche besuchen. Samstags."

„Wann ist Samstag?" fragte Oskar.

„In fünf Tagen."

Oskar wußte, daß fünf Tage eine sehr lange Zeit ist. Fast so lang wie von einem Baden in der Blechwanne zum anderen.

„Es wird für dich so besser sein", fügte der Direktor noch hinzu: „Und für sie auch. Sie hat sich viel zu sehr an dich gewöhnt. Aber du brauchst Freunde in deinem Alter! Und auf Samstag wirst du dich wie auf einen Festtag freuen!"

Oskar wußte, daß er es bis zum Samstag nicht aushalten würde.

Nach dem Mittagessen, als die meisten der kleinen Kinder schliefen, zog er sich an und floh durch die Küchentür nach draußen. Er versuchte, sich unter den kleinen Weiden am Ufer des Teiches zum Weg hindurch zu schleichen. Aber eine Erzieherin sah ihn vom Fenster aus, lief nach unten, holte ihn ein und brachte ihn zurück.

Am nächsten Tag riß er wieder aus. Noch vor dem Frühstück. Er wurde vom Hausmeister, der den Schnee wegschaufelte, geschnappt. Dieser führte ihn zum Direktor, der ihm eine langweilige Predigt hielt.

Oskar hörte sie sich an, ging dann hinaus auf den Flur und mischte sich unter die Kinder, die gerade im Begriff waren, zur Schule zu gehen. Er gelangte mit ihnen bis zur Kreuzung bei der Bushaltestelle, wo er sich von ihnen trennen wollte, als ihn plötzlich ein großes Mädchen bemerkte und rief: „Schaut mal, ist das nicht der Winzling, der schon zweimal getürmt ist?"

Und alle schrien, daß es stimme, er sei es. Das Mädchen nahm Oskar an die Hand und führte ihn zurück ins Kinderheim.

In den folgenden zwei Tagen versuchte Oskar siebzehnmal zu fliehen. Aber sie gaben auf ihn acht. Meistens gelang es ihm nicht einmal, die Haustür zu öffnen. Einmal wollte er durch das Klofensterchen hindurchschlüpfen, er blieb aber stecken und mußte um Hilfe rufen.

Letztendlich fingen sie an, ihn nachts einzuschließen, und tagsüber ließen sie ihn nicht aus den Augen. Oskar wußte nicht, was er tun sollte. Er war am Ende. Und bis Samstag blieben noch zwei ganze lange Tage.

Das Abendessen war vorbei. Die Kinder wischten die Tische ab. Einer der Erzieher rief ihnen nach, sie sollten noch nicht weggehen, der Förster sei gekommen und wolle ihnen etwas sagen.

Der Förster trat ins Eßzimmer. Er hatte ein rotes Gesicht und eine Schneeschicht auf dem Hut. Sein Hund hatte nasse Pfoten und ein besudeltes Fell und wollte auch mit ins Eßzimmer, aber der Förster ermahnte ihn. Er schickte ihn hinaus auf den Flur und machte die Tür zu. Dann sprach er davon, daß in den umliegenden Wäldern am Sonntag eine Hasenjagd stattfände. Die Kinder dürften daher nicht weiter als bis zum Teich, denn sonst könnte ein Unglück geschehen.

Oskar hörte ihm nur mit einem viertel Ohr zu. Er dachte an den Försterhund, der auf dem Flur geblieben war. Wenn der Förster zu Ende geredet hat, dachte er, wird er pfeifen und mit ihm weggehen. In den Wald. Oder in die Stadt. Wohin es ihnen beliebt.

Oskar verspürte plötzlich einen starken Wunsch, auch ein Hund zu sein. Wenn er ein Hund wäre, würde ihn niemand im Kinderheim zurückhalten. Im Gegenteil, sie würden ihn vielleicht sogar rausschmeißen. Er würde dann um den Teich zum Wald laufen, an der Haltestelle auf den Bus warten und zu Frau Rosemarie fahren.

Wer weiß, ob Hunde allein im Bus fahren dürfen? Oskar dachte darüber nach. Warum sollten sie es nicht dürfen, überlegte er. Kleine Hunde brauchen keine Fahrkarte, und die großen können sie selber stempeln. Aber wer bezahlt sie ihnen?

„Oskar, was ist mit dir? Schläfst du?" rief eine Erzieherin.

Oskar erwachte aus seinen Gedanken. Das Eßzimmer war schon leer, die Tische abgewischt, der Förster mit seinem Hund längst gegangen.

„Waschen, Zähne putzen und ab ins Bett!" klatschte die Erzieherin in die Hände und schob Oskar zur Tür hinaus.

Er dachte noch vor dem Einschlafen daran. Wenn er ein Hund wäre, würde sich kein Jugendamt für ihn interessieren. Sein Name würde in keiner Kartei stehen. Niemanden würde es stören, daß er bei Frau Rosemarie wohnte. Keiner würde ihm vorschreiben, daß sie sich nur samstags sehen sollten.

Die anderen Kinder im Zimmer schliefen schon. Oskar schaute an die Decke, an der sich das Licht der schaukelnden Laterne vor dem Eingang wälzte. Wenn die Laterne zu weit zur Seite pendelte, floh das Licht.

Wenn sie zurückkam, überflutete das Licht die ganze Decke und die gegenüberliegende Wand.

„Wäre ich doch ein Hund!" flüsterte Oskar sehnsüchtig mit dem Mund unter dem Federbett, den Blick in das Meer des Lichtes an der Decke eintauchend. „Wäre ich doch ein Hund! Das wäre schön! Oh, Mann, warum bin ich kein Hund? Ich will ein Hund sein!"

Oskar wachte auf, weil er so fror. Im Schlaf war er vom Bett heruntergefallen und lag auf dem kalten Fußboden. Um ihn herum liefen nackte Kinderfüße, man hörte Geschrei, Gelächter und die üblichen morgendlichen Streitereien.

„Also schnell, schnell!" sagte die Erzieherin, die gerade ins Zimmer trat. „In fünf Minuten gibt es Frühstück. Seid ihr schon alle angezogen und gewaschen? Wo ist Oskar?"

Oskar wollte sich melden, aber anscheinend war er in der Nacht heiser geworden, denn er konnte kein Wort herausbringen. So sprang er auf, damit ihn die Erzieherin sah. Doch sie sah ihn nicht. Er war zu klein. Noch kleiner als je zuvor. Nicht einmal bis zum Bett reichte er.

„Was hat denn der Hund hier zu suchen?" fragte die Erzieherin. „Wer hat ihn hergebracht?"

„Ich nicht! Ich nicht! Ich auch nicht!" schrien die Kinder.

Oskar wollte ebenfalls „Ich auch nicht" schreien, aber statt dessen entfuhr ihm ein kurzes Aufbellen. Erst jetzt wurde ihm alles klar. Er selbst war der Hund! Sein Wunsch war in Erfüllung gegangen!

Er verspürte tiefe Freude. Am liebsten wäre er vor lauter Glück in die Luft gesprungen und hätte einen Purzelbaum geschlagen. Doch bevor er wußte, was geschah, hatte ihn die Erzieherin bereits an der viel zu weiten Haut am Hals gepackt und trug ihn zur Tür. Es war unangenehm. Es zwickte und würgte ihn. Er strampelte mit den Beinen und zuckte ein paarmal heftig mit dem Kopf, bis es ihm gelang, dem festen Griff zu entschlüpfen. Er fiel auf den Boden, und seine Pfoten rutschten in alle vier Richtungen auseinander. Er schrie auf, aber es ertönte nur ein piepsiges Gewinsel.

„Fangt ihn! Schnappt ihn! Laßt ihn nicht raus!" riefen die Kinder durcheinander und rannten auf Oskar zu. Aber Oskar stand schon wieder sicher auf seinen kurzen Beinen. Er lief durch die offene Tür auf den Flur und eilte zur Treppe.

„Ein Hund! Ein Hund!" schallte es aus allen Ecken, und Oskars Herz sang vor Freude. Ja, er war ein Hund! Und wenn seine Beine auch kurz waren, hatte er doch vier davon, so daß es ihm gelang, die Treppe noch vor den Kindern zu erreichen. Aber da geschah etwas Unerwartetes. In der Eile trat er auf sein linkes Ohr, kam aus dem Tritt und kullerte die Treppe hinunter. Vor Schreck schloß er die Augen. Bum bum bum! Jede Stufe versetzte ihm einen Tritt. In den Rücken, an den Kopf, auf die angezogenen Beine. Bum bum bum! Und noch auf die Nase! In den Bauch! In die Seite!

Endlich landete er unten. Direkt gegenüber vom hohen Spiegel, der an der Wand neben dem Eßzimmer hing. Er öffnete die Augen und sah sich.

Er war ein schwarzer Dackel. Auf der Brust und auf der Stirn hatte er braune Flecken. Auch ein Teil des linken Ohres war braun. Und die Schwanzspitze ebenfalls. Er war schön. Er gefiel sich selber. Und obwohl ihm von dem Sturz der ganze Körper weh tat, konnte er nicht widerstehen und drehte sich vor dem Spiegel hin und her.

Plötzlich öffnete sich die Haustür hinter seinem Rücken, und auf der Schwelle erschien der Hausmeister. Er stampfte sich den Schnee von den Schuhen.

Oskar zögerte nicht. Er sprang vom Spiegel weg, lief zwischen den Beinen des Hausmeisters hindurch ins Freie und rannte zum Teich hinunter. Hinter sich hörte er die aufgeregten Stimmen der Kinder, der Erzieherinnen und des Hausmeisters, doch er blickte sich nicht um. Das einzige, was ihn interessierte, waren die Haltestelle am Rande des Waldes und der Bus, dessen Getöse aus der Ferne bereits zu hören war. Der Bus, der ihn gleich zu Frau Rosemarie fahren würde.

An der Haltestelle warteten schon einige Leute. Oskar setzte sich abseits von ihnen in den Schnee und staunte leise vor sich hin. Er konnte sich an seine neue Gestalt noch nicht gewöhnen. Es brachte ihn aus der Fassung, daß er keine Arme, sondern vier Beine hatte, daß seine Nase sich in die Länge zog und seine Ohren ihm ums Gesicht schlackerten. Wenn er lief, war sein Kopf dicht am Boden, und er sank bis zu den Schultern in die Schneewehen ein. Gestern hatte es ihm noch Schwierigkeiten bereitet, sich die mit Tomatensoße bekleckerte Oberlippe abzulecken: heute schaffte er es mit links, sich die ganze Nase zu lecken! Auch der eigene Schwanz machte ihm viel Spaß. Er wand sich um seine Beine wie eine schwarze Schlange, und wenn Oskar wollte, konnte er ihn hochheben und dann heftig gegen die Erde schlagen, so daß der Schneestaub vom Boden aufwirbelte. Er probierte es ein paarmal und hörte erst damit auf, als ihm ein Klümpchen vereisten Schnees in den Hals flog und er sich verschluckte. Das war unangenehm und außerdem sehr geräuschvoll. Ein paar Leute drehten sich nach ihm um, und zwei Mädchen mit Schultaschen auf den Rücken begannen zu kichern.

Oskar versteckte sich schnell hinter dem Wartehäuschen. Die Aufmerksamkeit der Umgebung konnte er nicht gebrauchen. Es war ihm klar, daß er so unauffällig wie möglich sein mußte, wenn er zu Frau Rosemarie gelangen wollte. Da sah er schon den Bus. Er tauchte in der Kurve auf und näherte sich langsam der Haltestelle. Die Tür ging auf, und eine Handvoll Fahrgäste stieg aus.

Oskar pirschte sich an die Hintertür heran. Er ließ die beiden kichernden Mädchen einsteigen, holte Schwung und sprang hinterher. Aber die Stufe war zu hoch. Oskar schlug mit dem Kinn auf und fiel zurück auf den festgetrampelten Schnee. Rasch stand er auf, nahm Anlauf und probierte es noch einmal, aber mit dem gleichen Ergebnis.

Die Schlange der Einsteigenden an der Vordertür wurde immer kürzer. Bald würde der Fahrer den Knopf drücken, die Tür würde sich schließen, und der Bus würde abfahren. Ohne Oskar. Voller Angst nahm er noch einmal Anlauf und sprang. Diesmal gelang es ihm, mit mehr als der Hälfte seines Körpers auf der niedrigsten Stufe zu landen. Die Treppe war aber rutschig, und Oskars Pfoten fanden keinen Halt. Schon befürchtete er, wieder hinunterzufallen, als sich plötzlich ein Mann über ihn beugte und ihn an seiner losen Nackenhaut packte. Es zwickte und würgte ihn, doch Oskar hielt still. Die Tür hinter ihm schloß sich mit einem Gähnen, und der Bus setzte sich in Bewegung.

Der Mann, der ihn vor einem weiteren Absturz gerettet hatte, war dick, atmete schnell und roch nach Lebkuchen.

„Na, was ist, du Stöpsel?" sagte er zu Oskar, wie es früher der Bäcker in ihrer Straße getan hatte. „Wohin fährst du? Du bist doch wohl kein Streuner? Kein Halsband hast du, keine Hundemarke… Wem gehörst du denn?"

Oskar hätte gern gesagt, daß er zu Frau Rosemarie gehöre und auf dem Weg zu ihr sei, doch er wußte, daß der Mann ihn nicht verstehen würde. Deshalb schwieg er und lächelte nur. Er stellte sich vor, was Frau Rosemarie wohl sagen würde, wenn sie ihn sähe. Ob sie ihn erkennen würde? Vielleicht würde sie denken, daß er irgendein fremder Hund sei! Ein normaler Hundehund!

Für eine Weile packte ihn die Angst. Unsicherheit. War er wirklich er selber? Brachte er nicht etwas durcheinander? War er nicht ein ganz normaler schwarzer Dackel, der sein Herrchen verloren hatte? Aber welches Herrchen? Und wo war dann Oskar? Er spürte, wie sich ihm der Kopf drehte.

Da bremste der Fahrer plötzlich, Oskar rutschten die Beine weg, er überschlug sich und stieß mit dem Kopf gegen die Haltestange. Es tat fürchterlich weh, aber zugleich kam er wieder zu sich. Natürlich war er Oskar! Er dachte wie Oskar, er fühlte wie Oskar, er sah nur ein bißchen anders aus! Und das Aussehen war, wie Frau Rosemarie immer betonte, nicht das Wichtigste!

Der Bus erreichte die Endstation. Alle stiegen aus. Oskar blieb auf dem Gehsteig stehen und hielt nach der Straßenbahn Ausschau.

„Willst du nicht mit mir gehen?" fragte der dicke, schnell atmende Mann, der ebenfalls zur Endstation gefahren war. „Bei mir würdest du's gut haben! Ich arbeite da drüben in der Zuckerbäckerei!"

Er zeigte auf das nahe Schaufenster, in dem trotz der beschlagenen Scheibe verschiedene Torten, Nikolauslebkuchen, Schokoladenweihnachtsschmuck und andere Leckerbissen zu sehen waren.

Oskars Magen knurrte. Es wurde ihm bewußt, daß er seit dem gestrigen Abendessen nichts gegessen hatte, und er verspürte einen plötzlichen Drang, dem Mann zu folgen und sich in dem warmen Laden mit Süßigkeiten vollzustopfen. Aber da erinnerte er sich an Frau Rosemarie. Daran, wie sie alleine in der düsteren Küche frühstückte. Wie sie ihren Kaffee in dem kleinen Topf am Rande des Herdes aufwärmte.

Schnell schluckte er den süßen Geschmack hinunter, wandte den Blick vom Schaufenster ab und lief der Straßenbahn entgegen.

In der Straßenbahn herrschte großes Gedränge. Oskar kroch unter den nächsten Sitz und bemühte sich, zwischen den Köpfen und Schultern der Fahrgäste zum gegenüberliegenden Fenster hinauszuschauen. Aber er sah nur ein schmuddeliges Glas und dahinter einen schmuddeligen Himmel und Dächer und Schornsteine. Die Schornsteine qualmten, und auf den Dächern schmolz der Schnee.

Oskar hoffte, daß bald ein Platz frei werden würde, und er wenigstens für einen Augenblick darauf springen könnte, um zu schauen, ob sie nicht schon am runden Platz waren. Aber das Gedränge löste sich nicht auf. Im Gegenteil, es stiegen stets neue Menschen ein. Oskar wurde es in dem Wald von Füßen ganz schwindelig. Er spürte, daß ihn die Müdigkeit zu überwältigen drohte, und mußte immer öfter blinzeln, um sich ihr zu entziehen. Schließlich aber holte sie ihn doch ein, und er schlief ein.

Er wachte vor Schmerz auf. Jemand stand auf der Spitze seines Schwanzes. Ein schwerer Lederstiefel. Oskar jammerte und versuchte den Schwanz zu befreien, aber vergebens. Da hielt die Bahn, und der Stiefel stampfte hinaus. Oskar atmete auf. Im nächsten Augenblick erzitterte sein Herz vor Freude: Durch die offene Tür erblickte er direkt gegenüber an der Haltestelle den mit blauen, roten und gelben Glühbirnen geschmückten Tannenbaum. Er flitzte unter dem Sitz hervor und sprang die Stufen auf den Gehsteig hinunter.

Es schneite. Kleine, vereiste Flocken rieselten vom grauen Himmel auf das Pflaster, auf die Autodächer, auf die ausgebreiteten Äste der Tanne. Oskar kniff die Augen zusammen und blinzelte durch den Schneevorhang. Wo war denn ihre Straße? Wo war der Laden, in den Frau Rosemarie die Spitzenkragen und die kleinen Deckchen gebracht hatte? Wo war das Kino „Regenbogen"?

Doch so aufmerksam sich Oskar auch umschaute, er sah nichts davon. Er ging um den Platz herum, blickte in die Auslagen, suchte die bekannte Zuckerbäckerei und den Eingang zum Park, aber umsonst. Er stand auf einem wildfremden Platz mit einem wildfremden Tannenbaum.

Viele Leute gingen vorbei, rempelten Oskar an, stolperten über ihn, immer wieder versetzte ihm eine Tasche einen Stoß.

Verwirrt rannte er hin und her, bis ihn der Menschenstrom vom Platz in eine breite Straße trug, auf der viele Autos fuhren. Große und kleine. Sie knurrten, tosten, brummten, lärmten und pafften. Der Gestank ihrer Abgase kitzelte Oskar in der Nase und zwang ihn zum Niesen. Deshalb bog er an der nächsten Ecke ab, an der übernächsten noch einmal und noch einmal und noch einmal. Er gelangte in eine schmale Gasse mit Bäumen auf beiden Seiten. Hier war es ruhig. Die Zäune und Laternen hatten hohe Schneemützen auf, und sogar auf dem Weg schien der Schnee sauber und unberührt.

Oskar setzte sich vor ein Gartentor und ruhte aus.

Ihm war kalt, er war hungrig, und seine Pfoten taten weh. Besonders die vorderen. Das kam wohl davon, daß er bis gestern nicht gewöhnt war, auf Händen zu laufen.

Er überlegte, in welche Richtung er laufen sollte, aber in seinem Kopf ging alles durcheinander. Für einen kurzen Vormittag war es viel zuviel für ihn gewesen. Zuerst das Aufwachen auf der kalten Erde, dann der Sturz von der Treppe, das schmerzhafte Einsteigen in den Bus, der dicke, nach Lebkuchen riechende Mann, die überfüllte Straßenbahn und die Müdigkeit, gegen die er sich nicht wehren konnte. Wahrscheinlich war er im Schlaf zu weit gefahren. Wahrscheinlich war er am anderen Ende der Stadt. Er mußte zurück. Wenn ihm doch nur die Pfoten nicht so weh täten!

Da öffnete sich das Gartentor, vor dem er saß, und zwei Kinder liefen auf den Gehsteig. Ein kleiner Junge im roten Skianzug und ein etwas größeres Mädchen in einer rosa Jacke und einer blauen Hose.

„Schau da, ein Hund!" sagte das Mädchen.

„Schau da, ein Hund!" wiederholte der Junge wie ein Echo.

„Ein Dackel", verbesserte das Mädchen.

„Einackel", kürzte der Junge das Wort ab.

Das Mädchen hockte sich vor Oskar hin, zog einen Handschuh aus und streichelte ihm über den Kopf. Es hatte eine warme, weiche, nach Wachsstiften riechende Hand.

„Vielleicht hat er Hunger", sagte es und sah Oskar in die Augen. Er stimmte ihr nickend zu.

„Er hat Hunger", wiederholte der Junge bestimmt.

„Wir bringen ihn nach Hause und füttern ihn", erklärte das Mädchen.

„Wir füttern ihn", wiederholte das Echo im roten Skianzug.

Das Mädchen nahm Oskar vorsichtig in die Arme und ging mit ihm auf ein gelbes Haus zu.

Oskar wehrte sich nicht. In der warmen Umarmung ging es ihm gut. Er beschloß, sich ein wenig aufzuwärmen, etwas zu essen und erst dann seinen Weg fortzusetzen.

Die Kinder rannten mit Oskar zuerst in die Küche. Dort stand eine Frau im karierten Hemd am Tisch, sie hatte hochgekrempelte Ärmel und zerschnitt ein gebratenes Huhn.

„Schau mal!" riefen die Kinder. „Wir haben einen Hund gefunden!"

„Er friert, der Arme!"

„Er hat Hunger!"

„Und er ist allein!"

„Allein?" wunderte sich die Frau und schaute auf Oskar hinunter. „Das kann ich mir nicht vorstellen!"

„Doch, doch! Ganz allein!" versuchte das Mädchen die Mutter zu überzeugen. „Er hat vor unserem Gartentor gesessen!"

Die Frau war nun fertig mit ihrer Arbeit. Sie wusch sich die Hände, trocknete sie mit dem Geschirrtuch ab und nahm Oskar auf den Schoß. Sie streichelte ihn und sah ihm in die Augen.

„Du bist wirklich allein?" sprach sie zu ihm und wippte mit den Knien. So, wie es früher Oskars Mutter getan hatte, wenn sie ihn beruhigen wollte. Auch ihre Stimme war ähnlich. Eine Apfelsinenstimme. „Gibt es da wirklich niemanden?"

Doch! Es gibt jemanden! Frau Rosemarie! hätte Oskar gerne geantwortet. Aber das Wippen der Knie, der Ton der Apfelsinenstimme und die streichelnden Hände verwirrten ihn völlig. Er war sich plötzlich überhaupt nicht mehr sicher. Nichts war wichtig, nur dieser Augenblick und die Wonne, die er empfand.

„Er darf doch bei uns bleiben, nicht wahr?" bettelte das Mädchen.

„Darf er?" wiederholte der Junge.

„Nun, wenn er wirklich niemandem gehört…" sagte die Frau, und ihre Hände hoben sich für eine Weile. Auch das Wippen der Knie hörte auf. Sie wartete, was Oskar machen würde. Er konnte herunterspringen und weglaufen: die Tür stand offen. Aber er krallte sich nur noch fester an das karierte Hemd. Er wollte nicht weg. Jetzt noch nicht. Später vielleicht. Am Nachmittag. Oder morgen früh.

„Siehst du!" platzte das Mädchen heraus. „Es gefällt ihm bei uns!"

„Wenn es ihm bei uns gefällt, dann bleibt er auch", sagte die Frau fröhlich, und bevor Oskar begriff, was sie vorhatte, beugte sie sich herunter und küßte ihn auf die Nase.

Oskar kam sich vor wie in einem Charlie-Chaplin-Film: verrückt und unwirklich. Er hatte keine Zeit zum Nachdenken, keine Zeit zum Entscheiden, er hatte keine Zeit, wegzugehen. Als ob er von dem Augenblick an, als ihn das Mädchen ins gelbe Haus getragen und er den Kuß auf die Nase bekommen hatte, nicht wirklich gelebt hätte, sondern nur von sich selbst träumte. Und es war ein Traum voller Freuden. Kleiner und großer.

Mit großer Freude rannte er mit den Kindern um die Wette ins Kinderzimmer. Sie zeigten ihm ihr Spielzeug. Sie hatten nicht nur ein Piratenschiff mit Seeräubern, sondern auch eine Menge weiterer Sachen. Verschiedene Spiele, Bücher, Autos, Puppen, Kuscheltiere, ziemlich viel Unordnung und auch eine Rutsche. Sie bog sich vom Doppelbett herunter auf den Boden. Der Junge rutschte am häufigsten auf dem Rücken, Kopf voran, das Mädchen auf dem Bauch oder auf den Knien, und Oskar auf alle möglichen Arten, am häufigsten auf der Schnauze.

Ein bißchen weniger Freude bereitete es Oskar, wenn ihn das Mädchen in den Puppenwagen legte, mit einem Kissen zudeckte und ihm ein Käppchen aufsetzte. Es wollte ihm auch gerne ein Jäckchen anziehen. Aber seine Finger kitzelten Oskar so sehr unter den Achseln, daß er sich vor Lachen wild wand, bis das Jäckchen auf dem Boden landete.

Das Baden war eine große Freude. Der Junge nahm Oskar zu sich in die Badewanne, und beide tauchten nach einer kleinen gelben Ente. Manchmal fischte der Junge die Ente heraus, manchmal Oskar. Einmal erreichten beide sie gleichzeitig, und der Junge streckte schon die Hand danach aus, aber Oskar schnappte mit den Zähnen zu, und bevor ihm klar geworden war, was er tat, biß er der Ente den Schnabel ab. Sofort drang ihm das Kamilleshampoo in den Hals, mit dem die Ente gefüllt war. Es machte ihm so viel Schaum im Bauch, daß er den ganzen Abend rülpsen und hicksen mußte. Der Junge wieherte so heftig, daß er beinahe ertrank. Die Frau im karierten Hemd kam schnell und zog sie beide aus der Wanne, um sie abzutrocknen.

Außer dem Mädchen, dem Jungen und der Frau im karierten Hemd wohnte noch ein Mann mit Bärenhunger in dem gelben Haus. Er kam kurz vor dem Abendessen, und schon an der Tür schrie er, daß er einen Bärenhunger habe.

Als sie ihm Oskar zeigten, hob er ihn in seine Arme, musterte ihn von allen Seiten, als ob er ihn essen wollte und nur noch nicht wußte, wo er anfangen sollte. Dann krempelte er ihm die Ohren um und begann zu lachen.

Oskar streckte die Zunge heraus und beschlabberte ihn vom Kinn bis zu den Augenbrauen. Doch den Mann ärgerte das nicht. Im Gegenteil, er lachte noch mehr. Er legte sich mit Oskar auf das Sofa und fing an, mit ihm zu raufen. Er warf ihn in die Luft, drehte ihn mit dem Kopf nach unten, walkte seinen Bauch durch, deckte Oskars Augen mit den Ohren zu und biß ihn in die Schwanzspitze.

Solchen Spaß hatte Oskar noch nicht gehabt. Nie. Mit niemandem. Auch der Mann amüsierte sich gut. Er lachte, bis ihm die Augen tränten. Schließlich waren beide so außer Atem, daß sie nur noch nebeneinander liegen konnten und verschnaufen mußten. Und als der Mann dann die Hand hob und Oskar über den Kopf strich, verspürte dieser eine so große Freude, daß er unter ihrem Gewicht die Augen schloß.

Das Essen war anfangs ein großes Problem. Mit dem Besteck konnte Oskar schon lange umgehen, aber bisher hatte ihm niemand gezeigt, wie man die Fleischstücke mit den Zähnen aus einer Hundeschüssel herausholt. Das mußte er selbst herausfinden.

Beim ersten Mal steckte er die Nase so tief in die Schüssel, daß der Kartoffelbrei ihm beide Nasenlöcher verklebte. Beim nächsten Mal wollte er sich mit der Pfote helfen und kippte den Futternapf um. Beim dritten Versuch fehlte nicht viel, und er wäre an einem Stück Knochen erstickt. Allmählich entdeckte er aber, daß seine Zunge sehr geschickt war. Er konnte damit das Essen aufnehmen und es sich direkt in den Mund schmeißen. Zuerst kam es ihm komisch vor, aber er gewöhnte sich schnell daran. Eigentlich war es ja viel bequemer als mit Messer und Gabel. Außerdem durfte er die Schüssel hinterher auslecken. Manchmal tat er dies so sorgfältig, daß die Schüssel in der ganzen Küche hin und her hopste. Dann hielt die Frau sich die Ohren zu und rief: „Genug, Ajax! Schluß damit!"

Ajax! Es kam ihm unglaublich vor, aber auf einmal war er Ajax! Zuerst wehrte er sich, er schmollte, tat so, als ob er nicht gehört hätte. Wenn sie ihn riefen, blieb er trotzig stehen. Aber dann gewöhnte er sich daran. Sie konnten doch nicht wissen, daß er Oskar hieß! Und Ajax war ja schließlich kein Schimpfwort; er kannte häßlichere Namen. Er fand sich mit ihm ab, um den verrückten Charlie-Chaplin-Traum nicht zu verderben. Ein Traum voller Freuden. Kleiner und großer. Ein Traum, der – wie Oskar wußte – bald mit dem Aufwachen enden mußte.

Wieviel Zeit verging eigentlich? Drei Tage? Fünf Tage? Eine Woche? Oskar ahnte es nicht. Anfangs kümmerte er sich nicht um die Zeit, weil er sich nur satt essen und aufwärmen wollte, sich nur ein wenig ausruhen wollte auf dem Weg zu Frau Rosemarie.

Aber je länger sein Aufenthalt im gelben Haus dauerte, desto mehr mußte er an die Zeit denken. Meistens vor dem Einschlafen.

Er pflegte auf dem Sessel im Wohnzimmer zu liegen, sah durch die verglaste Tür in den verschneiten Garten und grübelte, wer eigentlich die Zeit war. Was sie von Oskar wollte. Was für ein eigenartiges Benehmen sie hatte. Im Kinderheim schienen die Tage unendlich lang zu sein. Besonders ohne Frau Rosemarie. Sie zogen sich dahin und klebten an Oskars Füßen wie weicher Asphalt – er konnte sie nicht loswerden. Hier spielte die Zeit ein anderes Spiel. Kaum war Oskar mit dem Jungen ein bißchen im Garten herumgelaufen, hatte kurz mit dem Mädchen geschmust, sich von der Frau im karierten Hemd auf den Knien schaukeln und ein paar komische Wörter ins Ohr flüstern lassen, kaum hatte ihn der Mann mit dem Bärenhunger durchgebürstet und mit ihm in der Kneipe an der Ecke ein kleines Bier getrunken, da war es auch schon Abend; Oskar mußte schlafen gehen, und die Zeit lachte ihn nur aus. Sie ließ Oskar nicht in Ruhe. Immer machte sie sich bemerkbar. Sie war frech. Manchmal sogar gemein. Oskar stellte sich meistens taub.

Aber einmal konnte er sich nicht taub stellen.

Es war an einem Sonntagnachmittag. Draußen fiel dichter Schnee, und auf dem Tisch im Wohnzimmer brannten zwei Kerzen. Weihnachten stand vor der Tür. Alle sprachen davon. Die Kinder zählten auf, welche Geschenke sie sich wünschten. Die Frau im karierten Hemd fragte, wo sie dieses Jahr die Krippe hinstellen wollten. Der Mann mit dem Bärenhunger blickte von seinem Buch auf und sagte, er nähme die Kinder mit ins Kino zu einer Weihnachtsvorführung.

Oskar mischte sich nicht ins Gepräch ein. Er lag auf dem Sessel und sah zufrieden den schmelzenden Schneeflocken an der Fensterscheibe zu. Plötzlich krempelte jemand sein Ohr hoch und sagte: „Und wer nimmt Frau Rosemarie ins Kino mit?"

Oskar drehte den Kopf, um zu sehen, wer zu ihm gesprochen hatte. Die Kinder knackten Nüsse, der Mann las, die Frau strickte. Keiner von ihnen schenkte Oskar seine Aufmerksamkeit. Nur das Mädchen streckte den Arm aus und stopfte Oskar eine Nuß in den Mund. Oskar bedankte sich mit einem Blick aus seinen halbgeschlossenen Augen.

„Glotz nicht so blöd! Was machst du hier überhaupt? Wolltest du deshalb Hund werden, um deinen Arsch auf einem Sessel zu wälzen, Nüsse zu fressen und vor Faulheit zu schnaufen?" klang es wieder in Oskars Ohr. Es mußte die Zeit sein. Kein anderer sprach so gemein mit Oskar.

„Erinnere dich, wohin du eigentlich gehen wolltest, aber ein bißchen plötzlich! Oder weißt du das etwa nicht mehr? Hast du's vergessen? Dann ist dein Gedächtnis noch kürzer als deine Kükenbeinchen, du armer Trottel!"

Die Zeit schrie Oskar noch ein paar Beleidigungen ins Ohr und verstummte. Oskar setzte sich auf. Er blickte zu seinen Beinen hinunter. Sie waren wirklich kurz. Kükenkurz. Doch sein Gedächtnis war nicht kükenkurz. Mochte die Zeit sagen, was sie wollte, Oskar erinnerte sich an vieles. An fast alles.

Er erinnerte sich an die Gummistiefel, die er zum zweiten Geburtstag bekommen hatte. Er erinnerte sich an den Geschmack des Grießbreis, den ihm seine Mutter zum Abendessen gekocht hatte. Er erinnerte sich an alle Filme, die er im Kino Regenbogen gesehen hatte. Er erinnerte sich daran, wie der Himmel durch die Ranken des wilden Weins im Park aussah. Er erinnerte sich, wie man den Buchstaben O schreibt, mit dem sein Name anfing. Er erinnerte sich natürlich auch daran, daß er auf dem Weg zu Frau Rosemarie war.

„Ich mache das Abendbrot", sagte die Frau, legte das Strickzeug weg und ging in die Küche.

Oskar sah ihr nach, und plötzlich wußte er, daß es sein letzter Abend im gelben Haus sein würde. Der lustige, unwirkliche, verrückte Charlie-Chaplin-Traum war zu Ende. Die Zeit hatte Oskar geweckt, und er konnte es ihr trotz aller Beschimpfungen und Beleidigungen nicht übelnehmen.

Nachdem sich die Kinder ausgezogen hatten und im Badezimmer verschwunden waren, kratzte Oskar an der Haustür.

„Willst du rausgehen?" fragte der Mann. „Dann geh. Und warte auf mich beim Gartentor! Ich ziehe nur meinen Mantel an, und wir machen einen kleinen Spaziergang."

Er ließ Oskar in den Garten und schloß die Haustür hinter ihm. Es schneite noch immer. Oskar lief zum Gartentor. Er wußte, daß er sich beeilen mußte. Der Mann würde sicher schnell mit dem Anziehen fertig sein und Oskar draußen wie üblich an die Leine nehmen. Das wollte Oskar nicht.

Er sprang auf die niedrige Mauer und stieß mit der Nase ans Gartentor. Meistens genügte dies, um das Tor sperrangelweit zu öffnen. Aber nun lag viel frischer Schnee auf dem Weg. Oskar spürte, wie sich das Gartentor weigerte. Es wollte nicht nachgeben. Er half mit der Pfote nach, aber dadurch verlor er das Gleichgewicht und fiel hintenüber in eine Schneewehe. Bevor er aus ihr herauskrabbeln konnte, hatte sich schon die Haustür geöffnet, und das Band des rötlichen Lichtes aus dem Hausflur entrollte sich auf den Weg.

Oskar sprang von neuem auf die Mauer und stieß gegen das Tor, mal mit der Pfote, mal mit der Nase. Endlich gelang es ihm, das Schneekissen ein wenig beiseite zu schieben, und das Gartentor öffnete sich einen Spaltbreit.

„Ajax!" rief der Mann hinter ihm. Oskar drehte sich um. Der Mann kam gerade aus dem Haus. In der

Hand hielt er die Hundeleine. Hinter seinem Rücken erklang das Gelächter des Mädchens und des Jungens. Sie waren wohl zusammen in der Badewanne.

Für einen Augenblick stellte sich Oskar vor, wie es wäre, wenn er jetzt zurückkommen würde. Er könnte zu den Kindern in die Wanne springen und sich in einer kleinen Plastikwanne herumfahren lassen. Oder er könnte zu dem Jungen unter die Bettdecke kriechen, und die Frau im karierten Hemd würde ihnen vor dem Einschlafen ein Märchen vorlesen. Oder er würde mit dem Mann spazierengehen, auf dem Rückweg würden sie in der kleinen Kneipe an der Ecke halt machen, und Oskar würde eine Käsestange bekommen. Oder aber er würde warten, bis die Frau das Geschirr abgespült hatte. Dann würde er ihr auf den Schoß springen und sich von ihr schaukeln lassen. Vielleicht hätte sie auch Lust, ihm mit ihrer Apfelsinenstimme ein Weihnachtslied vorzusingen.

Es gab vieles, das man heute noch im gelben Haus machen könnte, Oskar wußte jedoch, daß er nichts davon unternehmen würde. Er sprang von der Mauer hinunter, zwängte sich durch den Spalt im Gartentor und lief auf den Gehsteig.

„Ajax, warte!" rief der Mann ihm nach. „Wo läufst du denn hin? Komm zurück!"

Aber Oskar drehte sich nicht um und lief weiter. Er bog um eine Ecke, dann um die zweite und bald um die dritte. Der Mann rief immer noch nach ihm, doch seine Stimme wurde schwächer und unverständlicher, bis sie in die Schneepolster einsank und völlig verschwand.

Oskar lief und lief. Zuerst durch die schmalen, stillen, mit Bäumen gesäumten Gassen, dann an den Hochhäusern mit großen Müllcontainern und riesigen Parkplätzen vorbei zu der Straße, wo eine Straßenbahn fuhr. Hier war der Schnee nicht mehr weiß und bauschig. Er glänzte nicht einmal im Schein der Laternen. Er ähnelte Essensresten, von denen man nicht genau sagen konnte, was sie am Anfang gewesen waren.

Oskar sprang über die Pfützen und wich den schwarzen, breiigen Schneehaufen am Wegesrand aus, aber trotzdem war er in Kürze bis zum Bauch besudelt. Auch die Müdigkeit war schon wieder da. Er blieb vor einer Imbißbude stehen, aus der der Duft gebratener Bockwürste zu ihm drang, und sah sich um. Nein, in diese Straße war er mit Frau Rosemarie nie gekommen. Hier gab es eine Menge Imbißbuden, Restaurants und Kinos, überall leuchteten Reklamen, von allen Seiten dröhnte Musik. An Oskar gingen viele Leute vorbei. Sie redeten laut, lachten, gestikulierten mit den Armen, riefen sich etwas zu. Ein Stück weiter prügelten sich sogar zwei Männer. Sie wälzten sich im Schneematsch an der Straßenecke und schlugen mit den Fäusten aufeinander ein. Niemand kümmerte sich um sie.

Oskar wedelte unruhig mit dem Schwanz. Er wußte, daß er weitermußte, aber in welche Richtung? Mit Anstrengung erklomm er den Berg leerer Kisten hinter der Imbißbude und versuchte, so weit wie möglich zu schauen. Wenn er nur wüßte, wohin die Straße führte! Und woher sie kam! Aber ihr Anfang und ihr Ende verloren sich im grellen Neonlicht. Er wollte schon wieder von den Kisten herunterspringen, als er plötzlich erstarrte. Auf der gegenüberliegenden Seite, weiter vorne, erblickte er eine Mauer. Es war keine gewöhnliche Mauer. Diese Mauer war Oskar vertraut. Sie war aus Stein, hoch, und hie und da von kleinen Nischen unterbrochen. Es hätte eine Friedhofsmauer sein können. Oder die eines Krankenhausgartens. Oder aber die einer alten Festung.

Oskar wußte, daß es die Mauer eines Parks war. Ihres Parks! Oskar erkannte sie ohne jeden Zweifel. So oft hatte er sie vom Ast der Buche aus gesehen, auf den ihn Frau Rosemarie hinaufgesetzt hatte, daß er sich nicht irren konnte.

Vor Freude wurde ihm ganz schwarz vor Augen. Es genügte jetzt, um die Mauer herumzulaufen. Egal, wie lang sie war, wenn Oskar an ihr entlanglaufen würde, mußte er nach Hause kommen!

Er sprang vom Kistenhaufen herunter und lief Hals über Kopf über die Straße. Da hörte er neben sich das Quietschen von Bremsen. Erschrocken blickte er auf. Ein großes rotes Auto stürzte geradewegs auf ihn zu. Oskar blieb entsetzt stehen. Er wollte auf den Gehsteig zurückkehren oder schnell auf die andere Straßenseite laufen, aber für nichts davon blieb ihm noch Zeit. Oskar spürte einen heftigen Stoß in die Seite und ins linke hintere Bein. Er sah einen langen, verschmierten roten Klecks, als sich das Auto entfernte, dann sank vor seinen Augen ein dichter Nebel nieder, und er verlor sich so gründlich darin, daß er sich selbst nicht wiederfinden konnte.

Wie lange er im Schneematsch am Rande der Straße gelegen hatte, wußte Oskar selbst nicht. Plötzlich spürte er die Kälte und eine Berührung auf dem Kopf. Mit großer Anstrengung öffnete er die Augen. Im Nebel, der ihn noch immer wie ein dicker Schal umhüllte, erkannte er ein Gesicht. Ein Paar unsicher blinzelnde Augen, eine neugierige Nase, ein rötlicher Bart.

„Was ist denn, Freund? Sonnst du dich?" sagte eine tiefe, heisere Stimme. „Oder wartest du, bis die Kirschen reif werden?"

Oskar wußte, daß der Mann nichts davon ernst meinte. Es sollte lustig sein. Aber Oskar war nicht zum Lachen. Es war ihm nach gar nichts. Der

Schmerz, den er vorher in der Seite und im linken Hinterbein gespürt hatte, schoß ihm jetzt durch den ganzen Körper. Seine Lider waren so schwer, daß sie ihm von alleine zufielen. Einen Augenblick kämpfte er mit ihrem Gewicht. Dann gab er auf und schloß die Augen.

Der Mann streichelte ihn weiter und redete zu ihm, aber wie sehr sich Oskar auch anstrengte, er verstand nichts. Die Worte verwandelten sich in Schmetterlinge, flogen dem Mann aus dem Mund heraus, setzten sich auf dessen Bart, und dort schmolzen sie. Eigentlich waren es keine Schmetterlinge, wie Oskar allmählich klar wurde, sondern Schneeflocken. Sie vergrößerten sich und wurden dichter. In Kürze wirbelten so viele herum, daß sie das Gesicht des Mannes, die Laterne hinter ihm und die ganze Straße verdeckten. Rundherum war nichts anderes als weite, weiße Stille.

„Na, das ist ja was! Wer hat dich denn so zugerichtet?" vernahm Oskar plötzlich über seinem Kopf und hob wieder seine schweren Lider. Der Mann mit dem rötlichen Bart betrachtete sein Bein. In der Hand hielt er ein zusammengerolltes Handtuch. Hinter ihm war keine Laterne mehr, sondern ein Regal. Auf dem Regal stand ein Blechtopf, darin ein Tauchsieder.

Oskar drehte langsam den Kopf. Er sah ein mit einem Leintuch zugedecktes Fenster und darunter ein

Bett. Auf dem Bett lag eine zerknüllte Decke. Das Kissen fehlte. Oskar fühlte, daß er darauf lag.

„Du bist unter die Räder eines verrückten Rennfahrers geraten, was?" fragte der Rotbart, während er mit beiden Händen Oskars Bein befühlte. Der Schmerz, der für eine Weile in den Hintergrund getreten war, kam jetzt keuchend zurück.

„Na, wir werden sehen, was sich machen läßt", brummte der Mann und zog so stark an Oskars Bein, daß dieser einen Schrei ausstieß. Das Regal, der Blechtopf, der Tauchsieder, der rote Bart des Mannes – alles stürzte auf einmal zusammen wie eine Burg aus Bausteinen. Oskar versuchte, aus den Trümmern herauszukommen, aber er sank immer tiefer und konnte sich an nichts festhalten.

Da fiel er auf etwas Kaltes, Rutschiges. Als er genau hinsah, erkannte er die zugefrorene Oberfläche des Teiches beim Kinderheim. Oskar stand mitten darauf, und zu seinem großen Staunen war er wieder ein Junge. Er hatte Arme und Beine und versuchte schnell zu laufen. Am Ufer unter den Weiden standen die Erzieher und der Direktor und der Hausmeister und viele Kinder, und alle riefen Oskar zu, daß er zurückkommen solle. Er rannte jedoch noch viel schneller zum anderen Ufer hinüber. Da gab der Direktor mit der Hand ein Zeichen. Darauf hetzten alle Oskar nach. Das Eis begann zu beben und zu brechen, doch sie kümmerten sich nicht darum und liefen weiter.

„Nein!" schrie Oskar. „Bleibt stehen! Ihr seid zu viele!" Niemand hörte jedoch auf ihn. Plötzlich öffnete sich direkt vor Oskars Füßen ein großes Loch. Er wollte es überspringen, aber es war sehr breit, und er hatte viel zu kurze Beine. Außerdem taten sie ihm weh. Besonders das linke. Er setzte sich hin, und da er nirgends mehr hinlaufen konnte, wartete er, bis die Erzieher ihn einholten. Er zitterte vor Kälte, und gleichzeitig fühlte er, daß er schwitzte, und er hörte sich stöhnen.

„Na, na, na", erreichte ihn eine besänftigende Männerstimme. Sie gehörte keinem der Erzieher, sondern dem Rotbart mit den blinzelnden Augen. Der Teich verschwand, das Kinderheim war auch weg, und Oskar sah, daß er sich geirrt hatte. Er war kein Junge, sondern noch immer der schwarze Dackel mit den Kükenbeinchen. Das linke, hintere war mit einem Handtuch verbunden, und der Mann, der es verbunden hatte, lag auf dem Bett, den Kopf an die Wand gelehnt, und sah Oskar an.

„Na, na, na", wiederholte er beruhigend. Seine Zunge war schwer. Unten auf dem Boden stand eine leere Flasche. „Mensch, heul doch nicht! Deine Haxe wird ja wieder heil! Wirst ja wieder rumflitzen wie 'n Irrer!" Er wiederholte es ein paarmal, und seine tiefe, heisere Stimme war so betörend, daß Oskar ihm alles glaubte. Er streckte sich auf dem Kissen aus, um das wunde Bein nicht zu belasten, den Kopf legte er auf die Vorderpfoten. Ein letztes Mal schielte er zum Regal, zum Blechtopf, dem Tauchsieder und zum roten Bart, dann schlief er ein.

Oskar fühlte, daß es nötig war zu warten. Bevor sein Bein nicht geheilt war, war an einen weiteren Weg nicht zu denken. Zuerst schluchzte er wehmütig, dann seufzte er, schließlich versöhnte er sich mit der aufgezwungenen Pause, die ihm das Schicksal bereitet hatte. Er sagte sich, daß es sich höchstens um ein paar Tage handeln könnte. Daß er sich im gelben Haus ja viel länger aufgehalten hatte. Daß es nur ein weiteres Spiel der Zeit sei.

Lange Stunden lag er auf dem Kissen in der Ecke des Zimmers und sah dem Rotbart beim Schlafen zu. Dieser schlief fast immer. Manchmal schnarchte er, manchmal schnalzte er mit der Zunge, manchmal warf er sich von einer Seite zur anderen. Ab und zu rief er einen Namen.

„Katharine!" rief er. „Spinn nicht rum!"

Oder: „Katharine, du bist ein Spinner!"

Oskar wußte, wer Katharine war. Rotbart hatte ihm ihr Foto gleich am zweiten Abend gezeigt. Sie hatte lange, schwarze Haare, Augenbrauen wie ausgebreitete Schwalbenflügel und ein Muttermal auf der Wange.

Der Mann erzählte jedesmal etwas anderes über sie. Einmal, daß sie ihn verlassen hatte, das zweite Mal, daß er sie rausgeschmissen hatte, das dritte Mal träumte er lange vor ihrem Bild, das vierte Mal warf er es auf den Boden und trat es wütend unters Bett. Daran erkannte Oskar, daß Katharine kein Spinner, sondern Rotbarts große Liebe war. Warum sie weggegangen war, wurde ihm nicht klar, obwohl der Mann versuchte, es Oskar zu erklären.

„Katharine ist 'ne Trullertrine", begann er eines Nachmittags, kurz nachdem er eine Bierflasche geöffnet hatte. „Mensch, das mußt du doch verstehen! Sie ist nirgends glücklich. Sie kann nirgends lange bleiben! So ein rastloses Mädchen hast du bestimmt noch nicht gesehen! Sie kommt, wärmt sich ein wenig auf, gähnt 'n paarmal, kocht dir 'n Kaffee, und gerade, wenn sie aufgehört hat, dich zu stören, und du dich langsam an sie gewöhnst, dann macht sie sich aus dem Staub! Mensch, begreifst du das?"

Oskar schüttelte den Kopf und bemühte sich, die zweite, noch nicht geöffnete Bierflasche unters Bett zu kullern, damit Rotbart sie nicht finden konnte. Aber Rotbart fand sie und öffnete sie und trank sie, und dann noch eine und noch eine und noch eine, bis seine Augen wieder zu blinzeln begannen.

Oskar machte sich Sorgen um ihn. Er erinnerte sich, was Frau Rosemarie von ihrem Mann erzählt hatte, und fing an zu verstehen, was damit gemeint war. Wenn man im Schnaps ertrinken konnte, konnte man doch genausogut im Bier ertrinken!

Manchmal sahen sie sich im staubigen Licht der nackten Glühbirne gegenseitig an – Oskar von seinem Platz in der Ecke, der Mann von seinem Platz auf dem Bett. Sie schwiegen, aber beiden war klar, daß etwas geschehen mußte. Was, das wußte keiner von beiden!

Die Tage zogen sich hin, und Oskars Bein tat noch immer weh. Es war bestimmt gebrochen. Der Mann band es an ein hölzernes Lineal, damit der Knochen gerade zusammenwuchs, und dann zog er ihm seine Wollsocke an. Die Wunde an der Seite spülte er mit Kamillentee aus. Je mehr sie heilte, desto mehr juckte sie.

Manchmal konnte Oskar nicht einmal schlafen. Er lag in der Dunkelheit, hörte dem unruhigen Atem Rotbarts zu, und wenn kein Laken vor dem Fenster hing, sah er in den nächtlichen Himmel. Er war nicht schwarz und auch nicht mit Sternen besät. Er spiegelte das Licht der Neonreklamen wider.

Oskar beobachtete das Flimmern der Farben auf dem Fenstersims und dachte an Frau Rosemarie. Es kam ihm sehr lange vor, seit er sie das letzte Mal gesehen hatte, und ihr Gesicht tauchte nur ganz verschwommen in seiner Erinnerung auf. Wie ihre Hände waren, das wußte er genau: breit, rot, heiß. Sie trug nie Handschuhe. Wenn sie strickte oder klöppelte, verwandelten sich ihre Hände in zwei Fische. Sie zappelten und wellten sich, sie schwammen untereinander durch, versuchten sich zu fangen und flohen dann wieder voneinander. Oskar konnte seinen Blick nicht von ihnen abwenden.

Er ahnte, daß Frau Rosemarie, als sie von seinem Verschwinden aus dem Kinderheim erfahren hatte, ihr Gesicht hinter den Händen verborgen hatte. Sie tat dies immer, wenn sie vor etwas erschrak. Als ob sie Verstecken spielte. Als ob ein Wunder geschähe, bevor sie ihre Hände wieder vom Gesicht nahm.

In den Nächten, in denen Oskar nicht schlafen konnte, stellte er sich vor, was er machen würde, wenn er wieder zu Hause war. Zuallererst würde er sich auf seine Couch in der Küche legen. Daran würde Frau Rosemarie erkennen, daß er Oskar war. Und wenn sie es doch nicht erkennen sollte, würde er das Piratenschiff unter der Couch hervorholen und auf dem Boden herumschieben, so wie er es früher an Regentagen zu tun pflegte. Oder er könnte sich wie gewohnt ans Fenster setzen und auf die Glasscheibe malen. Mit der Pfote. Oder mit der Nase. Frau Rosemarie würde ihn dann in die Arme nehmen und sagen: „Du bist Oskar, stimmt's? Es ist schön, daß du zu mir zurückgekommen bist!"

Wenn er mit seinen Überlegungen hier angelangt war, fuhren seine Mundwinkel vor lauter Freude immer zurück bis zu den Ohren. Er wußte, daß er sich weiter nichts mehr vorzustellen brauchte. Sobald Frau Rosemarie erkannt hatte, daß Oskar Oskar war, würde alles wieder wie früher sein. Sie würden in den Park gehen und „Damals" spielen. Wenn es regnete, würden sie ins Kino Regenbogen gehen und sich den Mund mit Schokolade vollstopfen, um nicht zu laut zu lachen. Sie würden in der Blechwanne baden – Frau Rosemarie samstags und Oskar dienstags. Sie würden Vanillehörnchen backen. Sie würden die glühenden Kohlestücke im Ofen betrachten. Nichts würde ihnen fehlen!

Eines Abends zog Rotbart Oskar die Wollsocke aus, nahm das Lineal ab, betastete sein Bein und sagte: „Na, was hab ich gesagt! Ist zusammengewachsen! Morgen wirste durchs Zimmer laufen, übermorgen vors Haus, und überübermorgen läufste mir weg! Hab ich nicht recht?"

Oskar schüttelte den Kopf. Nein, er hatte nicht recht, so schnell würde es doch nicht gehen. Aber der Mann schenkte ihm keine Aufmerksamkeit mehr. Er setzte sich aufs Bett, öffnete eine Bierflasche und bemitleidete sich laut.

„Niemand mag mich", jammerte er. „Niemandem liegt etwas an mir. Niemand besucht mich und sagt: Hör auf mit dem Saufen! Rasier dich doch! Such dir 'nen Job! Kein Hund bellt nach mir. Mensch, nicht einmal du wirst lange bleiben, ich les es dir von den Augen ab. Und Katharine – Katharine ist 'ne Trullertrine! Wo sie wohl steckt…?"

Rotbart tat Oskar leid, aber die Freude über das geheilte Bein war größer. Am nächsten Morgen sah er es sich aufmerksam an und stellte fest, daß es viel magerer als die anderen drei Pfoten geworden war. Es ähnelte einem Kükenbeinchen mehr denn je. Auch die ganze Kraft war daraus gewichen. Oskar mochte sich anstrengen, wie er wollte, er konnte nicht darauf stehen. Er mußte das Bein hinter sich herschleifen. Wenn er es vergaß und doch damit auftrat, knickte er ein und fiel auf die Seite. Trotzdem bereitete ihm das Gehen Spaß.

Im Takt mit Rotbarts Schnarchen ging er viermal im Zimmer herum, dann kehrte er zu seinem Kissen zurück, aß den Rollmops von gestern auf, um sich zu stärken, und machte sich erneut auf die Reise an den vier Wänden entlang.

Gegen Mittag konnte er schon vorsichtig mit dem geheilten Bein auftreten. Er wollte Rotbart wecken und es ihm vorführen, aber dann beschloß er, selber ein Nickerchen zu halten. Nach der langen Zeit des Nichtstuns erschöpfte ihn der Zimmerspaziergang. Er streckte sich auf dem Kissen aus, schloß die Augen und begann einzunicken.

Da war ein leises Türknacken zu hören. Oskar hob den Kopf.

Auf der Schwelle stand eine junge Frau. Sie war groß, schwarzhaarig und hatte Augenbrauen wie ausgebreitete Schwalbenflügel. Auf ihrer Wange saß ein

Muttermal. Sie schaute zuerst aufs Bett, dann auf den bekleckerten Tisch mit dem Glas mit Rollmöpsen und zuletzt auf die Bierflaschen, die in zwei langen Reihen unter dem Fenster Wache hielten. Sie streifte auch Oskar mit ihrem Blick. Danach trat sie zögernd ans Bett, beugte sich herunter und beobachtete aufmerksam Rotbarts Gesicht.

Oskar hielt den Atem an. Jetzt, dachte er, jetzt wird sie ihn bestimmt küssen! Oder ihm etwas ins Ohr flüstern! Oder wird sie ihn streicheln?

Zu Oskars großer Enttäuschung richtete sich die Frau jedoch wieder auf. Sie seufzte, biß sich auf die Lippe, drehte sich von Rotbart weg und schritt zur Tür.

Oskar erstarrte. Es war ihm klar, daß er sie aufhalten mußte. Daß er Rotbart wecken mußte. Aber wie? Nach einigen Sekunden tauchte in seinem Kopf eine rettende Idee auf.

Er stand auf, und obwohl er schon fast ohne Schwierigkeiten gehen konnte, begann er sich mit zittrigem, hinkendem Schritt der Frau zu nähern. Dazu keuchte er angestrengt und stieß ein weinerliches, jammerndes Gestöhne aus.

Die Frau blickte auf ihn nieder und blieb stehen. Oskar zog wehmütig seinen Kopf ein, schielte sie traurig an, ging mit allen vier Pfoten auf einmal los und stürzte mit einem erbärmlichen Schrei zu ihren Füßen nieder. Sein Auftritt hatte gewirkt. Die Frau beugte sich besorgt zu ihm herunter und legte ihre Hand auf seinen Kopf.

„Was ist mit dir?" fragte sie mitfühlend. „Bist du krank? Kannst du nicht gehen? Was ist mit deinem Bein?"

Oskar sah sie gequält an und ächzte. Die Schwalbenflügel über den Augen der Frau schwangen sich aufgeregt in die Höhe.

„Warte mal, ich gebe dir etwas zu trinken!" sagte sie, nahm seine Schüssel, füllte sie mit Wasser und schob sie ihm unter die Nase.

Im gleichen Augenblick hörte Oskar, wie das Bett quietschte. Hinter dem gesenkten Kopf der Frau erschien Rotbarts zerzauster Schopf. Er setzte sich im Bett auf, gähnte und strich sich über das vom Schlafen zerknautschte Gesicht. Plötzlich hielt er inne. Er starrte die Frau an.

„Katharine!" brachte er hervor. Ungläubig. Als ob er dachte, daß er sie sich nur erträumte. „Bist du's wirklich?"

Die Frau drehte ihm ihr Gesicht zu. Sie stand auf.

Oskars Herz trat ungeduldig von einem Fuß auf den anderen. Er wartete, was die Frau wohl tun würde. Und was Rotbart tun würde. Beide taten einen Schritt. Aufeinander zu. Die Frau berührte Rotbarts Schulter, Rotbart schlang seine Arme um ihre Hüften.

„Das ist gut", flüsterte er, „daß du wieder hier bist!"

Und die Frau sagte: „Du siehst aber aus! Du mußt dich rasieren. Und mit dem Trinken aufhören. Und dir einen Job suchen…"

Vielleicht wollte sie noch mehr sagen. Doch der Mann drückte sie so fest an sich, daß sie verstummte.

Oskar stand vorsichtig auf und ging zur Tür. Er stöhnte nicht mehr und hustete auch nicht. Er versuchte so leise wie möglich aufzutreten, um Rotbart und Katharine nicht zu stören.

Auf der Schwelle drehte er sich noch einmal um. Zum letzten Mal glitt sein Blick über das Regal mit dem Blechtopf und dem Tauchsieder, über das Bett mit der zerknüllten Decke, über sein Kissen in der Ecke, das schmuddelige Fenster und das vergessene Foto unter dem Tisch. Dann zwängte er sich durch die Türspalte und lief langsam den Flur entlang zur Treppe. Er fühlte ein Zucken und Ziehen in seinem geheilten Bein, hielt aber nicht an, wandte sich nicht um, sondern lief weiter, bis Rotbarts Tür weit hinter ihm lag.

Nach dem Halbdunkel von Rotbarts Zimmer schien Oskar die Straße in glänzend-schrilles Stanniolpapier gewickelt zu sein. Von überall stachen kleine Lichtpfeile auf ihn ein und blendeten ihn dermaßen, daß seine Augen anfingen zu tränen.

Er suchte am Eingang des nächsten Ladens Schutz, und um die Augen zu beruhigen, sah er in das Schaufenster. Dort stand ein Weihnachtsbaum, geschmückt mit verschiedenen Salamisorten, Schinken und großen Wurstkränzen. Im Laden stand eine Schlange von Leuten, die eben solche Salamis, Schinken und Würste kauften.

Oskar erinnerte sich, daß bald Weihnachten sein würde. Oder war es schon da? Vielleicht ist es gerade heute, fiel ihm ein, als ein Mann mit einem in Weihnachtspapier eingepackten Karton an ihm vorbeiging.

Oskar lief wieder los. Da war die Imbißbude mit dem hohen Kistenberg, von dem aus er damals die Mauer erblickt hatte, hier die Stelle, an der er letztens Hals über Kopf die Straße überquert hatte, da drüben die breiigen Schneehaufen, die inzwischen noch schwärzer geworden waren.

Als er zur Ampel gelangte, wurde sie gerade grün. Oskar lief auf die andere Straßenseite und machte sich, an den hölzernen Bottichen mit Karpfen vorbei, auf den Weg zum Park. Das Bein tat ihm weh, aber er beschloß, sich erst dann auszuruhen, wenn er das Eingangstor gefunden hatte.

„Alles hat sein Ende", pflegte Frau Rosemarie zu sagen. Die Mauer schien endlos. Erst nach langer Zeit entdeckte Oskar einen Eingang. Er freute sich schon, aber als er sich umsah, verebbte seine Freude. Vom Tor aus liefen fünf Wege in die Ferne, und Oskar hatte keine Ahnung, welchen er nehmen sollte.

Er setzte sich neben einen Papierkorb am Rande des Rasens und wartete. Ein Stück vor ihm stand ein Schneemann. Der wartete auch. Oskar wußte nicht, worauf er wartete, und der Schneemann wußte es ebensowenig.

Da ertönte in der Nähe ein Motorengeräusch. Auf dem Weg ganz links erschien ein kleiner Traktor. Langsam näherte er sich Oskar. Bei jedem Mülleimer hielt er an, ein Mann sprang heraus, leerte den Mülleimer, sprang wieder auf den Beifahrersitz, und der Traktor setzte sich wieder in Bewegung. Als der Korb, bei dem Oskar saß, geleert worden war, fuhr der Traktor auf einem der mittleren Wege weiter.

Oskar zögerte einen Augenblick. Dann folgte er ihm. Der Schneemann blieb auf seinem Platz und setzte sein Warten fort.

Der Weg war lang, und die Mülleimer an seinem Rand waren zahlreich. Außer den Mülleimern sah Oskar Sitzbänke, einen kleinen, zugefrorenen See, auf dem Möwen und Enten Fangen spielten, zugeschneite Rosenbeete und ein paar Fontänen, die jedoch nicht in Betrieb waren. Er sah keinen Spielplatz, keine Waldschenke und keinen anderen Platz, den er kannte.

Dann gelangten sie an eine weitere Weggabelung,

und der Traktor bog rechts ab. Oskar wollte schon hinterher, doch da erblickte er zwischen den Bäumen das Dach des alten Karussells. Und gleich daneben die abgeblätterte Schießbude! Und die Waldschenke!

Es kam so plötzlich, daß Oskar sich setzen mußte. Am meisten verwunderte ihn, daß die Waldschenke tatsächlich existierte. Er war so lange nicht mehr hier gewesen, so lange hatte er sie nur in seinen Erinnerungen und Vorstellungen gesehen, daß sie für ihn fast schon zum Märchen geworden war. Nun jedoch stand er vor ihr und sah, daß sich nichts geändert hatte. Alles war so wie früher. Es reichte, an dem Karussell vorbei über die verschneite Wiese zum Spielplatz mit der großen Buche zu laufen, und dann fehlte nur noch ein Stückchen bis zum Tor. Und hinter dem Tor – hinter dem Tor war doch ihre Straße…

Oskar bog um die letzte Ecke und sah ihr Gartentor. Es war halboffen. Über den Zaun beugten sich nackte Holunderzweige. Oskar steuerte auf das Tor zu. Langsam, es gab keinen Anlaß zur Eile mehr.

Er betrat den Garten und ging auf dem gekehrten Weg zum Küchenfenster. Wie immer hingen davor einige Staubtücher auf der Wäscheleine. Auch die alte Bank unter dem Fenster stand wie früher da. Oskar sprang auf ihren Sitz und drückte seine Nase an die Glasscheibe. Er sah den Tisch, den Herd und ein Stück der Couch.

Frau Rosemarie sah er nicht. Vielleicht war sie im Zimmer? Er kratzte mit der Pfote am Glas, um sie herbeizuholen.

In diesem Augenblick quietschte das Gartentor, und Frau Rosemarie betrat den Garten. Oskar erkannte sie beinahe nicht mehr. Sie war alt geworden in den letzten Wochen. Ihre Haare waren fast weiß. Ihr Gang war unsicher und müde, sie krümmte sich unter der Last der Einkaufstasche. Sie nahm Oskar erst in dem Moment wahr, als sie ihre Tasche auf der Bank abstellte.

„Was machst du denn hier?" fragte sie. „Lauf nach Hause, du zitterst ja vor Kälte!"

Auch mit ihrer Stimme war etwas passiert. Sie klang leise und erschöpft.

„Geh nur", redete sie Oskar zu, während sie in den Taschen nach ihrem Schlüssel suchte. „Man sucht dich bestimmt schon!"

Oskar schwieg. Es tat ihm leid, daß Frau Rosemarie ihn nicht sofort erkannte, aber sie hatte ja auch ihre Brille nicht auf.

„Du hast dich doch nicht verlaufen, oder?" fragte Frau Rosemarie weiter. „Oder bist du etwa ausgerissen?"

Sie schloß auf und öffnete die Tür. Oskar zögerte keine Sekunde und flitzte hinein.

„Warte!" hörte er Frau Rosemarie hinter sich. „Wo rennst du denn hin?"

Im Flur roch es bekannt. Die Hausschuhe von Frau Rosemarie standen unter dem Kleiderständer. Daneben lehnte ein Schirm an der Wand. Alles war beim alten. Nur der große Spiegel, vor dem Oskar so gerne Fratzen geschnitten hatte, war vor Staub fast blind, als ob schon lange niemand mehr hineingeschaut hätte.

Oskar lief in die Küche und sprang auf die Couch. Genauso, wie er es sich unzählige Male vorgestellt hatte. Genauso – und doch anders. Etwas war anders geworden. Als ob die ganze Wohnung älter geworden wäre. Veraltet, traurig, schäbig. Der Herd war kalt, der Obstkorb leer, das Bild von Oskars Mutter hing schief an der Wand. Und die Uhr über dem Küchenschrank zeigte stur Viertel nach sieben. Nirgendwo ein Tannenast oder ein Mistelzweig, keine Spur von Weihnachten.

„Wo bist du denn?" sagte Frau Rosemarie im Flur. „Wo hast du dich versteckt?"

Oskar antwortete nicht. Sein Hals war wie mit einer Wäscheklammer zugezwickt. Es juckte ihn in der Nase, Tränen drangen ihm in die Augen. Er war zu Hause und auch nicht; er war Oskar und auch nicht; er war glücklich und auch nicht. Als er sich gewünscht hatte, sich in einen Hund zu verwandeln, hatte er nicht geahnt, was inzwischen alles geschehen würde. Mit ihm und Frau Rosemarie.

„Na, schau einer an!" Frau Rosemarie betrat die Küche, sah Oskar und ging auf ihn zu.

„Auf Oskars Couch hast du's dir gemütlich gemacht! Auch in der Ecke! Genau wie Oskar!"

Sie setzte sich, hob Oskars Kinn an und sah ihm in die Augen.

Jetzt, jetzt wird sie mich erkennen, dachte Oskar, aber Frau Rosemarie sagte nichts und kraulte ihn nur hinter den Ohren. Ihre Hand war so wie immer. Breit, rot, warm. Unter ihrer Berührung gewann Oskar wieder das vergessene Gefühl von früher. Das Gefühl, daß ihm nichts fehle.

Auf einmal sah er alles ganz klar: Er war einen langen Weg gegangen, um wieder hier mit Frau Rosemarie sein zu können. Er hatte deswegen seine eigene Gestalt verloren, und sie, weil sie sich quälte, hatte die ihrige verloren, und jetzt waren beide anders. Aber darauf kam es nicht an. Es kam nicht darauf an, was für einen Namen sich Frau Rosemarie für ihn ausdenken würde, genausowenig kam es darauf an, ob sie Weihnachten feiern oder ins Kino „Regenbogen" gehen oder miteinander „Damals" spielen würden. Das einzige, worauf es ankam, war, daß sie sich gefunden hatten. Daß nicht jeder für sich alleine sein würde. Daß sie niemals jemand voneinander trennen würde.

Und einmal, wer weiß, würden sie sich vielleicht an das Lied erinnern, das sie gesungen hatten, als sie hier von der Couch aus die glühenden Kohlestücke im Ofen beobachtet hatten. Es hatte eine schöne, ganz einfache Melodie, und man konnte es immer wieder singen: Siebzehntausendsiebenundsiebzig silberne Sterne, lalala, tanzten auf siebzehntausendsiebenundsiebzig silbernen Seilen, lalala...

RTB Lesespaß

RTB 924 ab 8

RTB 1535 ab 8

RTB 1826 ab 7

RTB 1876 ab 9

RTB 1924 ab 9

RTB 1935 ab 8

Ravensburger TaschenBücher